Julie Brossard

Französisch üben

Hören & Sprechen B1

Buch mit Audios online

Hueber Verlag

Der kostenlose MP3-Download zum Buch ist unter **www.hueber.de/audioservice** erhältlich.

3. 2. 1. | Die letzten Ziffern
2026 25 24 23 22 | bezeichnen Zahl und Jahr des Druckes.
Alle Drucke dieser Auflage können, da unverändert, nebeneinander benutzt werden.
1. Auflage

Umschlaggestaltung: Sieveking · Agentur für Kommunikation, München
Layout und Satz: Sieveking · Agentur für Kommunikation, München
Co-Autor: Gianluca Pedrotti, Berlin
Verlagsredaktion: Katrin Dorhmi, Jürgen Frank, Hueber Verlag, München
Druck und Bindung: Friedrich Pustet GmbH & Co. KG, Regensburg
Printed in Germany
ISBN 978–3–19–337909–2

Art. 530_28269_001_01

Inhaltsverzeichnis

Vorwort

Liebe Lernerinnen, liebe Lerner,

Französisch üben Hören & Sprechen B1 ist ein Übungsbuch für fortgeschrittene Lernende mit Vorkenntnissen auf Niveau B1 zum selbstständigen Üben und Wiederholen. Es eignet sich auch für den unterrichtsbegleitenden Einsatz, zur Überbrückung von Kurspausen oder zur Vorbereitung auf Prüfungen der Niveaustufe B1 des *Gemeinsamen Europäischen Referenzrahmens*.

Französisch üben Hören & Sprechen B1 orientiert sich an den gängigen B1-Lehrwerken für den Kursunterricht und trainiert die Fertigkeiten Hören und Sprechen auf diesem Niveau. Die abwechslungsreichen Hörverständnis- und Sprechübungen behandeln alle für die Bewältigung der Alltagskommunikation wichtigen Themen und den entsprechenden Wortschatz. Das Übungsbuch folgt den Regeln der neuen französischen Rechtschreibung.

Französisch üben Hören & Sprechen B1 bietet die Lösungen zu sämtlichen Übungen direkt im Anschluss an das jeweilige Unterkapitel. Dort sind zur Erfolgs- und Verständnissicherung auch die Hörtexte zu den Übungen abgedruckt.

Französisch üben Hören & Sprechen B1 besteht aus dem vorliegenden Übungsbuch und Sprachaufnahmen im MP3-Format, die Sie unter **www.hueber.de/audioservice** herunterladen können. Die vertonten Texte sind im Buch jeweils mit dem Symbol ▶ 15 gekennzeichnet. Die Zahl gibt den jeweiligen Track an.

In *Französisch üben Hören & Sprechen B1* enthält jedes Unterkapitel Übungen zum allgemeinen und differenzierten Verständnis, gefolgt von Sprechübungen. Bitte hören Sie die Texte und Dialoge so oft wie nötig, um die Hörverständnisübungen zu bearbeiten. Oft ist es hilfreich, sich beim zweiten Hören Notizen zu machen. Nach den Übungen zum Hörverständnis können Sie bei Bedarf die jeweiligen Transkriptionen lesen und mitsprechen. Anschließend gehen Sie zu den Übungen über, in denen Sie aufgefordert werden, selbst zu sprechen.

Und nun wünschen wir Ihnen viel Spaß und viel Erfolg!

Autorin und Verlag

A C'est un classique

A1 Je suis complètement accro

▶ 01 **1a Patrice und Amanda kommen im Büro ins Gespräch. Hören Sie zu und entscheiden Sie, worüber die beiden sprechen.**

Patrice et Amanda parlent
- ☐ de séries télévisées.
- ☐ de cinéma international.
- ☐ de prix cinématographiques.
- ☐ de doublage et de sous-titres.

▶ 01 **1b Hören Sie das Gespräch noch einmal und entscheiden Sie: richtig oder falsch?**

		vrai	faux
1.	Patrice vient tout juste de commencer à regarder des séries.	☐	☐
2.	La passion de Patrice pour les séries a commencé avec une série culte.	☐	☐
3.	Amanda regarde toujours une série jusqu'à la fin.	☐	☐
4.	Patrice adore regarder des films en version originale.	☐	☐
5.	Amanda a appris l'anglais en regardant une série médicale.	☐	☐
6.	Amanda active souvent les sous-titres quand elle regarde un film.	☐	☐

▶ 01 **1c Welche Seriengenres schauen sich Amanda und Patrice gerne an? Ergänzen Sie unter den Fotos A für Amanda oder P für Patrice.**

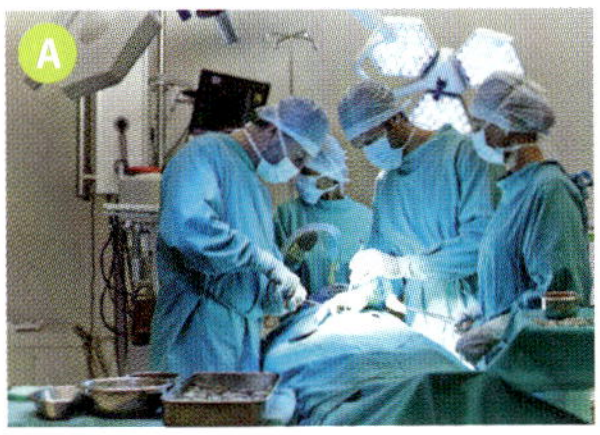

A/P série médicale

____ série dystopique

____ sitcom

____ série d'action

____ série de science-fiction

____ série policière

▶ 02 **1d Hören Sie die Fortsetzung des Gesprächs. Schafft es Patrice, Amanda mit seiner Leidenschaft für Serien anzustecken?**

Patrice ☐ réussit ☐ ne réussit pas à convaincre Amanda de regarder « Vents de Norderian ».

▶ 02 **1e Hören Sie noch einmal und ergänzen Sie die Tabelle mit den Informationen zur Serie.**

Titre	*Vents de Norderian*
Pays de production	
Nombre de saisons	
Épisodes par saison	
Genre	
Époque	
Lieu de l'action	
Sujets traités	

▶ 02 **1f Lesen Sie die folgenden beiden Zusammenfassungen. Welche passt zur Handlung der Serie, von der Patrice berichtet?**

A Au royaume de Mirabilia, plusieurs familles d'aristocrates se battent contre des familles pauvres qui essaient de reconquérir le trône de la capitale de Norderian. La situation dégénère lorsque les vents du nord se mettent à souffler, attirant des lions volants et des dragons qui crachent du feu. ☐

B Dans un monde imaginaire divisé en deux continents, Norderian et Sudérian, plusieurs familles nobles rivalisent pour obtenir le sceptre du pouvoir qui se trouve dans le château fort de Mirabilia. La situation se dégrade lorsque des vents puissants réveillent des éléphants volants et des dragons qui crachent de la glace. ☐

▶ 03 **1g Sie unterhalten sich nun mit einem französischen Bekannten über TV-Serien. Übernehmen Sie die Rolle ● und beantworten Sie die Fragen mithilfe der Angaben.**

■ Il y a de plus en plus de bonnes séries sur les plateformes de streaming. Et toi, ça t'intéresse, les séries ?

Sie bejahen und sagen, dass Sie schon seit einigen Jahren Fan von Serien sind.

● Oui, je suis fan ______________________
____

■ Quel est ton genre préféré ?

Sie sagen, dass Ihnen Krimis am liebsten sind, in denen der Protagonist (= le personnage principal) *einen Dieb oder einen Mörder* (= un meurtrier) *finden muss. Komödien sind nicht so ihr Ding.*

● ______________________
____
____
____

■ Et tu les regardes en version originale ou doublée ?

Wenn Sie die Sprache kennen, dann schauen Sie sie lieber im Original an.

● ______________________
____

■ Est-ce que tu mets les sous-titres ?

Sie bejahen, manchmal aktivieren Sie die Untertitel, um alles zu verstehen.

● ______________________
____

■ Est-ce que tu as une série préférée ?

Sie sagen, dass „Secrets of Berlin" Ihre Lieblingsserie ist. Sie schauen sie schon seit drei Jahren und können es kaum erwarten (= avoir vraiment hâte), *die achte und letzte Staffel zu sehen.*

● ______________________
____
____
____

■ Huit saisons ? Tu as piqué ma curiosité. C'est quoi exactement ?

Die Serie spielt (= se passer) *in Berlin während des Kalten Krieges. Es ist die Geschichte von Matthias, einem Mathe-Lehrer, der ein Spion* (= un espion) *für die Russen wird.*

● ______________________
____
____
____

■ Tu sais quoi ? Je pense que je vais commencer à la regarder ce soir. Justement, je cherchais une bonne série.

A1 Je suis complètement accro

▶ 01 1a Text / Lösung

■ Oh la la ! Quelle journée ! Je vais me chercher un café. Tu en veux un, Amanda ?

● Attends, je viens avec toi. Ça va me faire du bien de bouger un peu. Alors, ton projet, ça avance ?

■ Oui, oui, tout se passe bien, mais j'ai vraiment hâte que la journée soit finie.

● Tu as quelque chose de prévu ce soir ?

■ Non, soirée tranquille. J'ai seulement hâte de pouvoir rentrer chez moi, retrouver mon canapé et peut-être me taper quelques épisodes d'une série TV.

● Je ne savais pas que tu étais fan de séries.

■ Oui, j'adore les séries depuis que j'ai quatorze ans. Tu te souviens de cette série américaine sur une petite fille qui disparait dans un village ?

● Oui, bien sûr. C'est un classique de l'histoire de la télévision. Si je ne me trompe pas, elle a été produite par un réalisateur assez célèbre.

■ Oui. Et pas seulement ça ! Elle a influencé plein d'autres productions télévisées. Eh bien, c'est depuis que j'ai développé une passion pour les séries. Parfois, je passe tout le weekend à la maison et je regarde un épisode après l'autre. Surtout en hiver, c'est fou. Je peux regarder une saison complète en une journée. C'est comme une drogue. Je n'arrive plus à m'arrêter.

● Dis donc ! Tu as l'air vraiment accro ! Moi, j'ai un abonnement en streaming qui donne accès à plein de séries populaires, mais à vrai dire, je préfère regarder des documentaires ou des films. Je sais pas... Quand je commence à regarder une série, je regarde un ou deux épisodes et puis, je m'embête, alors j'arrête de l'écouter. Jusqu'à maintenant, aucune série a réussi à m'enthousiasmer au point de la regarder jusqu'à la fin.

■ Peut-être que tu n'as simplement pas trouvé la bonne série.

● Peut-être... Et... quel est ton genre préféré ?

■ Alors moi, j'ai un faible pour les séries policières. J'aime bien résoudre des énigmes et essayer de trouver le coupable. Mais j'aime aussi les séries de science-fiction, surtout celles qui racontent des voyages dans l'espace et les aventures d'explorateurs en mission dans des mondes mystérieux... Ou bien les séries dystopiques, avec des rebelles qui se battent pour un monde meilleur. Et toi ? Tu préfères quels genres ?

● Ben, j'ai pas de préférence. Normalement, je regarde surtout des sitcoms, parce que j'aime me détendre et rire un bon coup. Et j'aime aussi les films de suspense avec beaucoup d'action... et les drames. Quand j'étais plus jeune, j'adorais les séries médicales. Tu te souviens de celle avec des médecins et des infirmières super sexy qui soignaient des malades dans un quartier pauvre de Miami ? Elle avait eu beaucoup de succès à l'époque.

- Oui, bien sûr ! La légendaire série « Doctor You » ! Moi aussi, je la regardais. C'est d'ailleurs comme ça que j'ai appris l'anglais.
- Sans blague ? Alors tu fais partie de ceux qui regardent les séries en version originale ?
- Oui. Je supporte pas les séries doublées, même si je dois avouer qu'elles sont très bien faites en France. Non, je trouve ça important d'entendre la vraie voix des acteurs. Je crois qu'on doit toujours essayer de voir une œuvre en version originale, que ce soit un film, une pièce de théâtre ou une série. Pas toi ?
- Ça dépend. Quand c'est une histoire compliquée et que je dois me concentrer sur les détails, je préfère regarder une version doublée en français, sinon j'ai du mal à suivre l'intrigue.
- Tu pourrais activer les sous-titres.
- Ah non ! Quand il y a des sous-titres, je ne peux pas m'empêcher de les lire et j'arrive pas à me concentrer sur le film... Mais dis-donc, l'expert : tu pourrais pas me conseiller une bonne série que je réussirais à regarder jusqu'à la fin ? Tu m'as vraiment donné envie d'en regarder une.
- Bien, tu pourrais regarder...

Patrice et Amanda parlent ☒ de séries télévisées. ☒ de doublage et de sous-titres.

▶ 01 **1b Lösung**

	vrai	faux
1. Patrice vient tout juste de commencer à regarder des séries.	☐	☒
Patrice adore les séries depuis qu'il a quatorze ans.		
2. La passion de Patrice pour les séries a commencé avec une série culte.	☒	☐
3. Amanda regarde toujours une série jusqu'à la fin.	☐	☒
Amanda arrête souvent de regarder une série après quelques épisodes.		
4. Patrice adore regarder des films en version originale.	☒	☐
5. Amanda a appris l'anglais en regardant une série médicale.	☐	☒
C'est Patrice qui a appris l'anglais en regardant une série médicale.		
6. Amanda active souvent les sous-titres quand elle regarde un film.	☐	☒
Amanda n'arrive pas à se concentrer quand elle doit lire les sous-titres. Les sous-titres l'énervent.		

▶ 01 **1c Lösung**

A: A / P série médicale
B: P série dystopique
C: A sitcom
D: A série d'action
E: P série de science-fiction
F: P série policière

▶ 02 **1d Text / Lösung**

- Mais dis donc, l'expert, tu pourrais pas me conseiller une bonne série que je réussirais à regarder jusqu'à la fin ? Tu m'as vraiment donné envie d'en regarder une.
- Bien, tu pourrais regarder « Vents de Norderian ». C'est une production américaine fantasy. La série a eu un énorme succès et elle a des milliers de fans dans le monde. Je ne connais personne qui a arrêté de la regarder en plein milieu. Et la série a six saisons et chaque saison comporte dix épisodes de 45 minutes. D'après moi, elle va te plaire aussi.
- Oui, j'en ai souvent entendu parler, mais je l'ai jamais regardée. Moi aussi, je connais plein de gens qui ont adoré, mais je sais pas trop. J'ai vu la bande-annonce et les dragons, les elfes, les trolls, c'est pas trop mon truc.
- Ben théoriquement, oui, c'est une série avec des personnages fantastiques et des éléments surnaturels, mais c'est plus complexe que ça. Il y a aussi des éléments de drame ou de suspense. C'est très bien fait.
- Alors raconte un peu, tu as piqué ma curiosité. Tu réussiras peut-être à me convaincre.
- Bien, l'histoire se passe dans un monde imaginaire qui rappelle le Moyen-Âge. L'action principale a lieu dans un univers fictif qui est divisé en deux continents : le Norderian, situé dans l'hémisphère nord et qui est riche, et le Suderian, dont la population est pauvre.
- Ouais, c'est un peu cliché, non ? Le nord est riche, le sud est pauvre.
- Oui, mais c'est ce conflit qui est à la base de toute l'histoire. Toute l'action de « Vents de Norderian » tourne autour de la lutte entre différentes familles qui veulent devenir encore plus puissantes. La majeure partie de l'histoire se joue à Mirabilia, la capitale du continent du nord. C'est là que se trouve le château fort où est conservé le sceptre du pouvoir. Celui ou celle qui le possède règne sur les deux continents. Alors évidemment, tous les nobles cherchent à l'obtenir.
- Jusqu'à maintenant, ça ressemble plutôt à un film historique. Alors en quoi est-ce que c'est une série fantasy ?
- Attends, j'y arrive. À un moment donné, les vents du nord se mettent à souffler et la situation se dégrade. Les vents glaciaux réveillent des monstres et des puissances occultes. Les nobles ne peuvent plus continuer à s'entretuer et doivent former des alliances pour résister aux puissances du mal qui les attaquent sous forme d'éléphants volants et de dragons qui crachent de la glace.
- Ça l'air plutôt compliqué comme histoire.

- ■ Oui. Ce n'est pas une série qu'on peut écouter d'une oreille, en faisant du repassage ou la vaisselle. Il faut quand même se concentrer, mais ça vaut la peine.
- ● Tu sais quoi ? Tu as réussi à me convaincre. Je m'y mets dès ce soir.
- ■ Je suis certain que tu ne le regretteras pas. Les effets spéciaux sont incroyables. Les décors et les costumes sont impressionnants et l'intrigue est vraiment captivante, avec des sujets universels comme les conflits entre les générations, les amours interdites, la vengeance, etc.
- ● Si je ne me trompe pas, la série se base sur un livre, non ? Il me semble que j'en ai déjà parlé avec quelqu'un d'autre récemment, avec... Zut ! C'était qui déjà ?
- ■ Oui, la série est l'adaptation d'une saga romanesque, mais je n'ai pas lu les livres. Ce sont de vrais pavés à ce qu'il parait. Chaque volume a plus de 600 pages et je ne suis pas trop fana de lecture.
- ● Ah oui, maintenant je me souviens. C'était avec Jean-Claude. Tu sais, le collègue du service marketing. Je crois qu'il a lu tous les livres. Il revenait d'un festival de fantasy.
- ■ Vraiment ? Je vais lui en parler la prochaine fois que je le vois. Alors, tu as dit que tu commençais ce soir. Prépare-toi à quelques nuits blanches. C'est difficile d'arrêter...
- ● Je t'en donne des nouvelles demain.

Patrice ☒ réussit à convaincre Amanda de regarder « Vents de Norderian ».

▶ 02 **1e Lösung**

Titre	*Vents de Norderian*
Pays de production	*États-Unis*
Nombre de saisons	*six*
Épisodes par saison	*dix*
Genre	*fantasy (drame, suspense)*
Époque	*rappelle le Moyen-Âge*
Lieu de l'action	*univers fantastique, composé de deux continents : le Norderian au nord et le Sudérian au sud*
Sujets traités	*les conflits entre les générations, les amours interdites, la vengeance*

▶ 02 **1f Lösung**

Zur Handlung der Serie passt Zusammenfassung B.

▶ 03 **1g Text / Lösung**

- ■ Il y a de plus en plus de bonnes séries sur les plateformes de streaming. Et toi, ça t'intéresse, les séries ?
- ● *Oui, je suis fan de séries depuis déjà quelques années.*
- ■ Quel est ton genre préféré ?
- ● *Je préfère les séries policières dans lesquelles le personnage principal doit trouver un voleur ou un meurtrier. Les comédies, ce n'est pas trop mon truc.*
- ■ Et tu les regardes en version originale ou doublée ?
- ● *Si je sais la langue, je préfère les regarder en version originale.*
- ■ Est-ce que tu mets les sous-titres ?
- ● *Oui, j'active parfois les sous-titres pour tout comprendre.*
- ■ Est-ce que tu as une série préférée ?
- ● *Ma série préférée, c'est « Secrets of Berlin ». Je la regarde déjà depuis trois ans et j'ai vraiment hâte de voir la huitième et dernière saison.*
- ■ Huit saisons ? Tu as piqué ma curiosité. C'est quoi exactement ?
- ● *La série se passe à Berlin pendant la guerre froide. C'est l'histoire de Matthias, un professeur de mathématiques, qui devient un espion pour les Russes.*
- ■ Tu sais quoi ? Je pense que je vais commencer à la regarder ce soir. Justement, je cherchais une bonne série.

A2 Je l'ai lu d'une traite !

▶ 04 **2a Jean-Claude, der Kollege aus dem Marketing, kommt zufällig bei Amanda und Patrice im Büro vorbei, und das Gespräch über „Vents de Norderian" geht weiter. Was trifft auf Jean-Claude zu?**

Jean-Claude est un fan ☐ de la série télé. ☐ des livres. ☐ de la série et des livres.

▶ 04 **2b Hören Sie das Gespräch zwischen Amanda, Patrice und Jean-Claude erneut und ergänzen Sie die folgenden Sätze mit der jeweils richtigen Option.**

1. La série
   ☐ a le même
   ☐ n'a pas le même titre que le livre.
2. Jean-Claude n'a jamais regardé la série pour
   ☐ ne pas être déçu.
   ☐ ne pas devenir accro.
3. ☐ Le titre
   ☐ La couverture
   du livre a attiré l'attention de Jean-Claude.
4. Avant de lire les livres, Jean-Claude
   ☐ était
   ☐ n'était pas un fan de la littérature fantasy.
5. Jean-Claude
   ☐ n'a pas encore terminé de lire la saga.
   ☐ a déjà lu tous les livres de la saga.

▶ 05 **2c Hören Sie nun, was Amanda ihren beiden Kollegen im weiteren Verlauf des Gesprächs vorschlägt.**

Amanda propose que ☐ Jean-Claude regarde la série avec Patrice.
☐ Jean-Claude prête les livres à Patrice.
☐ Patrice lise le premier livre de la saga et que Jean-Claude regarde la première saison de la série.

▶ 05 **2d Hören Sie noch einmal und entscheiden Sie, welche Adjektive jeweils passen.**

1. L'intrigue de « Vents de Norderian » est ☐ prenante. ☐ originale. ☐ simple. ☐ pleine de rebondissements.
2. Les évènements sont décrits de manière ☐ authentique. ☐ abstraite. ☐ réaliste.
3. Le style de l'auteur est ☐ fluide. ☐ lourd. ☐ élégant. ☐ affecté. ☐ classique. ☐ moderne. ☐ poétique.
4. Les personnages sont ☐ profonds. ☐ stéréotypés. ☐ antipathiques. ☐ complexes.

▶ 06 **2e Sie unterhalten sich nun mit einem Freund über Bücher. Übernehmen Sie die Rolle ▲ und beantworten Sie die Fragen mithilfe der Angaben.**

■ Dis-moi... Tu connais les livres de Marcel Oumelle ?

Sie bejahen und sagen, dass Sie seinen neuen Roman letzte Woche zu Ende gelesen haben.

▲ ______________________________

____

■ Déjà ! Mais il vient de paraitre. Tu lis vraiment vite. Alors, il est comment ?

Sie haben es in einem Rutsch (= d'une traite) *gelesen. Die Handlung ist sehr packend und fesselt dich* (= te tient captivé/e) *vom Anfang bis zum Ende.*

▲ ______________________________

____

____

■ Vraiment ? Je croyais que c'était un roman un peu expérimental avec de longues réflexions philosophiques. Et comment est le style de l'auteur ?

Sein Stil ist flüssig und präzise. Die Sprache ist modern. Es gibt viele Dialoge und viel Spannung (= le suspense).

▲ ______________________________

____

____

____

■ Ah bon. Je pensais que ses textes avaient un rythme plutôt lent... Et comment sont les personnages ?

Die Figuren sind ein wenig oberflächlich, aber sehr lustig und liebenswert (= attachants).

▲ ______________________________

____

____

■ C'est bizarre. Je croyais que Marcel Oumelle était un grand intellectuel dont les romans étaient un peu déprimants.

Sie glauben, dass Ihr Gesprächspartner von Michel Ouallette spricht. Sie sagen, dass Sie dessen Bücher aber noch nicht gelesen haben und deswegen (also) nicht darüber sprechen können.

▲ ______________________________

____

____

____

____

A2 Je l'ai lu d'une traite !

▶ 04 **2a Text / Lösung**

● Quand on parle du loup ! Salut Jean-Claude ! On parlait justement de toi.

▲ De moi ?

● Oui, on discutait de la série « Vents de Norderian » et j'étais en train de dire à Patrice que tu étais toi aussi un adepte.

▲ À vrai dire, je connais pas la série, mais j'ai lu presque tous les romans de l'auteur, Brian Cooper. En passant, le titre original, c'est pas « Vents de Norderian », mais « Tempêtes sur Norderian ».

■ Ah bon ! Je savais pas que le livre avait un autre titre. Alors tu connais pas du tout la série ? T'as pas vu un seul épisode ?

▲ Non, les séries, c'est pas mon truc. Je préfère lire. J'en ai entendu parler, bien sûr, mais je l'ai jamais regardée parce que j'avais peur d'être déçu. Quand on lit, on imagine tous les détails et quand on regarde le film après, on compare forcément le film à ce qu'on avait imaginé. La plupart du temps, c'est simplement frustrant. Et puis, je passe probablement plus vite à travers un livre qu'à travers les dix épisodes d'une saison. Je lis environ un livre par semaine.

■ 600 pages en une semaine ? Comment tu fais ?

▲ La lecture, c'est ma passion. J'ai toujours beaucoup lu. Déjà quand j'étais enfant, je lisais dès que j'avais une minute de libre.

■ Et quand est-ce que tu as commencé à lire « Vents de Norderian » ou plutôt « Tempêtes sur Norderian » ?

▲ Ben, je suis tombé sur le livre tout à fait par hasard. J'étais en voyage avec une amie en Bretagne, à Rennes. C'était pendant le salon du livre et on pouvait acheter des livres dans toute la ville. Alors, en me promenant, j'ai vu « Tempêtes sur Norderian » sur le stand d'une librairie d'occasion. C'est la couverture qui a attiré mon attention : une illustration très réaliste qui représentait un dragon crachant de la glace. Alors comme le livre ne coutait que cinq euros, j'en ai profité et je l'ai acheté.

● Alors, c'est le livre qui t'a trouvé…

▲ Peut-être… Au début, j'étais un peu sceptique parce que je connaissais pas ce genre de roman. La fantasy, je croyais que c'était plutôt pour les enfants. Mais après avoir lu deux pages, j'étais déjà accro et je pouvais plus m'arrêter. Le premier volume avait plus de 500 pages, mais je l'ai lu d'une traite, en trois jours, je crois.

■ Et tu as lu la saga au complet ?

▲ Presque. En ce moment, il y a sept volumes et j'en ai déjà lu six. Il me manque donc le dernier qui vient tout juste de paraitre.

● Alors explique-moi…

Jean-Claude est un fan ☒ des livres.

▶ 04 **2b Lösung**

1. La série ☒ n'a pas le même titre que le livre.
2. Jean-Claude n'a jamais regardé la série pour ☒ ne pas être déçu.
3. ☒ La couverture du livre a attiré l'attention de Jean-Claude.
4. Avant de lire les livres, Jean-Claude ☒ n'était pas un fan de la littérature fantasy.
5. Jean-Claude ☒ n'a pas encore terminé de lire la saga.

▶ 05 **2c Text / Lösung**

▲ ...qui vient tout juste de paraitre.

● Alors explique-moi, qu'est-ce qui te fascine dans ces livres ?

▲ Eh bien, l'auteur réussit à te faire entrer dans son univers et c'est comme un voyage dans le temps, dans une autre dimension. Quand je lis les livres de Cooper, tout disparait autour de moi et c'est comme si je vivais pendant un moment avec les personnages. L'intrigue est très prenante et pleine de rebondissements. On ne sait jamais ce qui va se passer. Les aventures des personnages sont vraiment captivantes.

● C'est bien sûr la magie de la littérature en général. Mais je sais pas, dans les livres fantasy, on retrouve des êtres surnaturels et des personnages aux pouvoirs magiques. Comment est-ce que tu peux plonger dans un monde aussi étrange et fantastique ?

▲ Dans la saga de Cooper, les évènements sont racontés de manière authentique et réaliste. Selon moi, c'est la plus grande force de l'auteur. Et puis, il aborde souvent des sujets universels, comme les conflits entre les générations ou entre les classes sociales. Je crois qu'on pourra lire ces livres dans 100 ans et qu'ils seront encore d'actualité.

■ Et comment est le style de l'auteur ? J'ai vu la série, mais les livres sont vraiment épais. 600 pages, ça me fait un peu peur.

▲ Alors moi, je trouve que les livres sont très bien écrits. Le style de Cooper est particulier. Son écriture est fluide, classique, élégante, mais il utilise parfois des mots anciens qui surprennent. Le vocabulaire est très riche, mais son style n'est jamais lourd ou affecté. Moi, j'adore. Par contre, je crois que son style ne plait pas à tout le monde. Cooper prend le temps de décrire les lieux et les protagonistes en détail. Ça peut être un peu frustrant d'avoir à lire dix pages sur le code d'honneur des chevaliers de Norderian avant de savoir qui va gagner une bataille.

■ Alors quels sont les aspects que tu trouves les plus intéressants ?

▲ L'aspect qui me plait le plus, c'est justement les descriptions détaillées des personnages qui peuplent l'univers de « Tempêtes sur Norderian ». Elles sont vraiment bien écrites. L'auteur a le talent de pénétrer dans l'âme des personnages principaux et de leur donner un rôle précis dans l'intrigue.

- ■ C'est vrai, les personnages sont vraiment intéressants. Ils sont profonds et complexes et on comprend toujours pourquoi ils agissent d'une manière et pas d'une autre. Pense au dompteur de dragons par exemple ou à Girirdissi, le cuisinier de la reine. Et toi, est-ce qu'il y a un personnage qui t'a particulièrement touché ?
- ▲ Un personnage que j'ai vraiment adoré, c'est Tallia, la princesse de Norderian. Sa transformation surtout m'a plu. Au début, c'est une jeune fille naïve et sans expérience, mais petit à petit, elle se transforme en une femme forte qui sait ce qu'elle veut. Une vraie guerrière. Sa mort est vraiment tragique. J'ai même pleuré.
- ■ Mais qu'est-ce que tu racontes ? Tallia ne meurt pas ! Elle réussit à tuer Petrotos et elle peut enfin épouser Parsia.
- ▲ Tu veux dire que Tallia ne meurt pas dans la série ? Mais comment est-ce qu'ils ont pu changer un élément aussi important ? Ça change complètement l'histoire !
- ■ Les scénaristes ont sûrement adapté la série parce qu'ils voulaient un happy end. La scène du mariage était très réussie d'ailleurs. Tu crois qu'il y a d'autres différences entre la série et les livres ?
- ● Vous savez ce que vous pourriez faire ? Toi, Patrice, tu pourrais lire le premier volume de la saga et toi, Jean-Claude, tu regardes la première saison de la série. Et puis, vous vous retrouvez dans quelques semaines pour faire le point. Qu'est-ce que vous en pensez ?
- ■ Jean-Claude, ça marche pour toi ?
- ▲ Ok ! Défi accepté !

Amanda propose que ☒ Patrice lise le premier livre de la saga et que Jean-Claude regarde la première saison de la série.

▶ 05 2d Lösung

1. L'intrigue de « Vents de Norderian » est ☒ prenante. ☒ pleine de rebondissements.
2. Les évènements sont décrits de manière ☒ authentique. ☒ réaliste.
3. Le style de l'auteur est ☒ fluide. ☒ élégant. ☒ classique.
4. Les personnages sont ☒ profonds. ☒ complexes.

▶ 06 **2e Text / Lösung**

■ Dis-moi… Tu connais les livres de Marcel Oumelle ?

▲ *Oui, j'ai terminé son nouveau roman la semaine dernière.*

■ Déjà ! Mais il vient de paraitre. Tu lis vraiment vite. Alors, il est comment ?

▲ *Je l'ai lu d'une traite. L'intrigue est très prenante et te tient captivé du début à la fin.*

■ Vraiment ? Je croyais que c'était un roman un peu expérimental avec de longues réflexions philosophiques. Et comment est le style de l'auteur ?

▲ *Son style est fluide et précis. La langue est moderne. Il y a beaucoup de dialogues et beaucoup de suspense.*

■ Ah bon. Je pensais que ses textes avaient un rythme plutôt lent… Et comment sont les personnages ?

▲ *Les personnages sont un peu superficiels, mais très drôles et attachants.*

■ C'est bizarre. Je croyais que Marcel Oumelle était un grand intellectuel dont les romans étaient un peu déprimants.

▲ *Je crois que tu parles de Michel Ouallette. Mais je n'ai pas encore lu ses livres, alors je ne peux pas en parler.*

A3 La série est bien faite, mais...

▶ 07 **3a Patrice und Jean-Claude treffen sich drei Wochen später, um sich über die Bücher und die Serie zu unterhalten. Zu welchem Schluss kommen die beiden?**

- ☐ Les livres sont bien meilleurs que la série.
- ☐ La série télévisée est beaucoup plus captivante que les livres.
- ☐ Les livres et la série sont différents, mais les deux sont très réussis.

▶ 07 **3b Hören Sie das Gespräch noch einmal und entscheiden Sie, ob die Behauptungen richtig oder falsch sind.**

	vrai	faux
1. Le réalisateur donne moins de détails que l'auteur.	☐	☐
2. Dans la série, il y a plus de paysages différents.	☐	☐
3. Dans les livres, le récit est plus fluide que dans la série.	☐	☐
4. Les scènes de combat sont aussi captivantes dans les livres que dans la série.	☐	☐
5. Il y a plus de personnages dans les livres que dans la série.	☐	☐

▶ 08 **3c Vergleichen Sie nun selbst eine Serie mit ihrer Buchvorlage. Beantworten Sie dazu die Fragen Ihrer Gesprächspartnerin mithilfe der folgenden Angaben.**

Beispiel: ■ Comment est l'intrigue dans le livre ?
● *L'intrigue est moins prenante dans le livre que dans la série.*

0. Im Buch ist die Handlung weniger packend als in der Serie.
1. Ich finde die Handlung spannender, weil es mehr Wendungen *(= des rebondissements)* gibt.
2. In der Serie gibt es mehr Figuren, aber sie sind weniger tiefgründig als im Buch.
3. Es gibt weniger Kampfszenen im Buch, aber sie sind gewalttätiger.
4. Ich denke, dass die Serie besser als das Buch ist.

A3 La série est bien faite, mais…

▶ 07 **3a Text / Lösung**

■ Alors Jean-Claude, tu l'as trouvée comment, la première saison de la série ?

▲ J'ai été agréablement surpris. Je m'attendais pas du tout à ça et franchement, j'ai été captivé du début à la fin.

■ Je savais que tu allais aimer ça.

▲ Oui, mais ça ne veut pas dire pour autant que je trouve la série meilleure que les livres. J'ai trouvé l'adaptation assez fidèle à la saga de Cooper, mais il manque certains aspects et d'autres sont exposés de manière très superficielle. Bon, j'imagine aussi que c'est normal qu'ils n'aient pas pu présenter tous les aspects du livre.

■ Tu as raison là-dessus. Le réalisateur a dû faire des compromis et a choisi d'adapter moins de scènes ou de donner moins de détails.

▲ Oui, dans les livres, les lieux sont plus diversifiés. L'auteur consacre parfois des pages et des pages à décrire différents paysages. Dans la série, beaucoup de paysages se ressemblent. On a l'impression que tout se passe au même endroit et à la même saison. Dans le livre, les lieux sont très différents en hiver et au printemps, par exemple.

■ Oui, c'est vrai, mais dans la série, le récit est plus fluide que dans les romans. Le réalisateur coupe les parties qui ralentissent l'intrigue et se concentre seulement sur certains aspects. Moi, ce que je ne peux pas supporter chez Cooper, c'est son obsession du détail. Il consacre parfois une dizaine de pages à décrire les différents arbres d'une forêt ou les nuages dans le ciel. Dans la série, les actions s'enchainent plus rapidement et plus logiquement.

▲ Mais c'est justement ça l'intérêt des livres. Avec les descriptions de l'auteur, on peut mieux se représenter le monde dans lequel les personnages évoluent et mieux comprendre l'action. Et puis, j'aime bien imaginer moi-même les personnages, les décors, les actions, les batailles. Le réalisateur a fait du bon travail, mais certaines scènes m'ont déçu parce que je me les imaginais différemment. Je crois que c'est pour ça que la série m'a moins plu que les livres.

■ Mais avoue que les effets spéciaux sont vraiment géniaux. Et puis, les scènes de batailles et les combats avec des monstres sont encore plus prenants que dans le livre. Certaines scènes sont tellement réalistes qu'on a l'impression d'être juste à côté des personnages et de vivre leurs aventures et leurs drames.

▲ Oui. Je te donne raison là-dessus. Côté technique, la série est très bien faite. Mais moi, c'est l'aspect psychologique qui m'intéresse et là-dessus, les livres vont plus en profondeur. Et puis, il y a une chose que j'ai vraiment pas aimée, c'est la façon de présenter certains personnages.

■ Pourquoi ? Qu'est-ce que tu veux dire par là ?

▲ Dans la série, certains personnages sont présentés de manière très superficielle et ça change notre façon de les percevoir.

■ Hmm... Tu peux me donner un exemple ?

▲ Bien, dans le livre, Aranie est une femme forte qui règne d'une main de fer. Elle est parfois brutale, mais ses motifs sont toujours nobles. Elle veut à tout prix protéger ses enfants. Elle ferait tout pour eux. Dans la série, elle est présentée comme une femme cynique, froide et impitoyable. On ne comprend pas pourquoi elle est si dure. Quand on lit le livre, on souffre avec elle et on comprend pourquoi elle agit comme ça.

■ Oui, c'est vrai. Mais tu avoueras que la distribution des rôles est parfaite. Les acteurs collent vraiment bien aux personnages.

▲ C'est vrai, mais il y a moins de personnages dans la série que dans les romans. Ce sont des personnages secondaires, bien sûr, mais ils apportent des précisions qui nous permettent de mieux comprendre pourquoi les héros agissent d'une manière et pas d'une autre. Comme Nasti, par exemple. C'est grâce à lui qu'on comprend pourquoi Frémus décide de partir pour Sudérian.

■ C'est vrai. C'est dommage que Nasti n'apparaisse dans aucun épisode.

▲ Bon, on pourrait sûrement continuer à parler des différences entre la série et les livres pendant des heures. Alors, en fin de compte, est-ce que tu as trouvé le livre meilleur que la série ou le contraire ?

■ Eh bien, la série est excellente, mais je dois dire que les livres sont très bons aussi. C'est simplement deux façons différentes de raconter une histoire et les deux sont très réussies.

▲ Oui. Je suis entièrement de ton avis. Les livres et la série se distinguent un peu l'un de l'autre, mais la série n'est pas moins bonne que les livres. Bien au contraire, elle a dépassé mes attentes. Les livres sont incroyablement bien écrits et la série a été réalisée de manière très professionnelle.

☒ Les livres et la série sont différents, mais les deux sont très réussis.

▶ 07 **3b Lösung**

	vrai	faux
1. Le réalisateur donne moins de détails que l'auteur.	☒	☐
2. Dans la série, il y a plus de paysages différents.	☐	☒
Les paysages sont plus diversifiés dans les romans.		
3. Dans les livres, le récit est plus fluide que dans la série.	☐	☒
Dans les livres de Cooper, le récit est moins fluide que dans la série.		
4. Les scènes de combat sont aussi captivantes dans les livres que dans la série.	☐	☒
Avec les effets spéciaux, les batailles sont plus prenantes dans la série.		
5. Il y a plus de personnages dans les livres que dans la série.	☒	☐

▶ 08 **3c Text / Lösung**

1. ■ Et pourquoi penses-tu que l'intrigue est plus captivante dans la série que dans le livre ?
   ● *Je trouve l'intrigue plus captivante parce qu'il y a plus de rebondissements.*
2. ■ Et comment sont les personnages dans la série ?
   ● *Dans la série, il y a plus de personnages, mais ils sont moins profonds que dans le livre.*
3. ■ Comment as-tu trouvé les scènes de batailles de la série télé ?
   ● *Il y a moins de scènes de batailles dans le livre, mais elles sont plus violentes.*
4. ■ Alors est-ce que tu as préféré la série ou le livre ?
   ● *Je pense que la série est meilleure que le livre.*

B Amour et amitié

B1 Trouver l'âme sœur

▶ 09 **1a Myriam und Charles treffen sich auf einen Aperitif. Während sie auf ihren Freund Serge warten, unterhalten sie sich. Worüber sprechen sie?**

Myriam et Charles parlent
- ☐ de leur travail.
- ☐ de leur vie amoureuse.
- ☐ de la vie amoureuse de Serge.

▶ 09 **1b Hören Sie die Unterhaltung noch einmal und kreuzen Sie an.**

	vrai	faux
1. Serge est en retard parce qu'il a mis du temps à se préparer.	☐	☐
2. Karin et Serge se connaissent depuis deux ans.	☐	☐
3. Karin et Serge ont une relation à distance.	☐	☐
4. Charles croit que les relations à distance finissent toujours mal.	☐	☐
5. Myriam croit que les sentiments sont moins intenses dans une relation à distance.	☐	☐

▶ 10 **1c Nach einer kleinen Verspätung stößt Serge dazu und die drei Freunde unterhalten sich weiter. Hören Sie die Fortsetzung und entscheiden Sie, welches Bild zu welcher Person passt.**

Myriam • Serge • Charles

A

____

B

____

C

____

B

10 **1d Hören Sie das Gespräch noch einmal und kreuzen Sie an.**

1. Serge et Karin se sont rencontrés ☐ pendant un voyage d'affaires. ☐ sur un site de rencontre.
2. Karin ☐ n'a pas l'intention de déménager. ☐ va chercher un emploi à Nancy.
3. Serge et Karin se passionnent tous les deux pour ☐ le cinéma. ☐ l'architecture. ☐ la randonnée. ☐ la mer. ☐ la littérature. ☐ l'art.
4. Myriam et son compagnon ☐ ont l'intention ☐ n'ont pas l'intention de se marier.
5. Myriam ☐ veut avoir des enfants ☐ ne veut pas avoir d'enfants plus tard.
6. Charles ☐ va se séparer de sa femme. ☐ est divorcé.

11 **1e Sie treffen einen alten Freund, den Sie seit einiger Zeit nicht gesehen haben. Er erkundigt sich nach einer gemeinsamen Freundin. Beantworten Sie die Fragen mithilfe der Angaben.**

■ Dis donc, tu as des nouvelles de Rosalie ? Ça fait un bail que je l'ai pas vue.

Es geht ihr gut. Sie sehen sich ziemlich oft.

● *Elle va bien. On* ______________________

■ Ah bon. Et est-ce qu'elle sort encore avec ce type bizarre ?

Sie verneinen. Rosalie hat ihn letztes Jahr verlassen. Sie hat jetzt einen neuen Freund. Er heißt Étienne.

● ______________________

■ Ils se connaissent depuis longtemps ?

Sie bejahen und sagen, dass sie sich seit fast sechs Monaten kennen.

● ______________________

■ Et ils se sont rencontrés comment ?

Sie haben sich während eines Yoga-Kurses in einem Resort (= un village de vacances) *in Thailand kennengelernt.*

● ______________________

■ Ça alors ! C'est digne d'un film hollywoodien ! Mais est-ce qu'ils ont d'autres choses en commun, à part le yoga ?

Sie bejahen. Rosalie und Etienne haben viel gemeinsam (= avoir beaucoup de choses en commun). *Sie begeistern sich* (= se passionner) *für Kunst, sie interessieren sich für Politik und (ver) reisen sehr gerne.*

● ______________________________

____

____

____

____

■ Donc Rosalie aurait trouvé l'âme sœur ! Et est-ce qu'ils font déjà des projets d'avenir ? Est-ce qu'ils veulent se marier ?

Momentan (= pour le moment) *wollen sie nicht heiraten. Sie möchten aber bald zusammenziehen* (= emménager ensemble).

● ______________________________

____

____

■ Et est-ce qu'ils veulent avoir des enfants ?

Rosalie möchte sich zunächst auf ihre Karriere konzentrieren, aber Sie sind sicher, dass sie später Kinder haben möchte.

● ______________________________

____

____

____

■ Eh bien... Quelles nouvelles !

B1 Trouver l'âme sœur

▶ 09 **1a Text / Lösung**

■ Salut Myriam ! Oh ! Ça fait plaisir de te revoir !

● Salut Charles ! Oui, ça fait un bail qu'on s'est pas vus. Je crois que la dernière fois, c'était à la fête de Noël de Serge il y a deux ans.

■ Deux ans ! C'est incroyable comme le temps passe vite ! Au fait, il est où, Serge ? Il est en retard ? ... Eh bien, il a pas changé celui-là. Exactement comme à la fac. Il est sûrement en train de se faire beau. Je l'imagine devant la glace, en train de se mettre sur son trente et un.

● Oh arrête ! Pauvre Serge ! Et puis, cette fois-ci, il a une bonne excuse. Il m'a envoyé un message il y a une demi-heure pour me dire qu'il allait arriver un peu en retard. Il est allé reconduire Karin à la gare.

■ Karin ? C'est qui ? Une de ses nombreuses conquêtes ?

● Mais non... C'est sa nouvelle copine. Mais cette fois-ci, c'est sérieux. Ils se connaissent depuis presque un an et ils vont très bien ensemble. Elle est allemande. Elle habite à Stuttgart où elle travaille comme ingénieure pour un grand constructeur automobile.

■ Ah bon ? Alors ils mènent une relation à distance ?

● Oui. Du moins pour le moment.

■ Mmhh. Tu sais, moi, les relations à distance, j'y crois pas trop. Ça fonctionne peut-être bien au début, quand les deux voient encore tout en rose, mais je crois que ça se termine toujours mal.

● Bah, et toi, tu vois toujours tout en noir. Toi non plus, t'as pas changé. Toujours aussi pessimiste. Alors si ça peut te rassurer : Serge et Karin sont ensemble depuis maintenant presque un an et ça marche très bien entre eux.

■ Désolé, mais... Comment ils font ? Ils vivent à plus de 300 km de distance. Lui habite ici, à Nancy, et elle, en Allemagne. Ils ne peuvent pas se voir tous les jours et vivre ensemble au quotidien. Comment est-ce qu'ils peuvent apprendre à se connaitre dans ces conditions-là ? Et puis, il ne faut vraiment pas être jaloux...

● Mais non. Ils se voient trois fois par mois du vendredi au dimanche et le reste de la semaine, ils ont plus de temps à consacrer à leurs hobbies et à leurs amis. Moi, je crois qu'une relation à distance, ça peut très bien marcher. On se voit moins souvent, mais on apprécie encore plus les moments passés ensemble. La relation se développe peut-être plus lentement, mais les sentiments sont encore plus intenses et profonds. Tiens, regarde ! Serge arrive...

Myriam et Charles parlent ☒ de la vie amoureuse de Serge.

▶ 09 1b Lösung

		vrai	faux
1.	Serge est en retard parce qu'il a mis du temps à se préparer. *Serge est en retard parce qu'il est allé reconduire Karin à la gare.*	☐	☒
2.	Karin et Serge se connaissent depuis deux ans. *Karin et Serge se connaissent depuis presque un an.*	☐	☒
3.	Karin et Serge ont une relation à distance.	☒	☐
4.	Charles croit que les relations à distance finissent toujours mal.	☒	☐
5.	Myriam croit que les sentiments sont moins intenses dans une relation à distance. *Myriam croit que les sentiments sont plus profonds dans une relation à distance.*	☐	☒

▶ 10 1c Text / Lösung

▲ Salut les copains. Désolé, je suis allé…

■ Tu es allé reconduire Karin à la gare…

▲ Ah ! Tu es déjà au courant.

■ Oui. Myriam m'a raconté. Alors, ta nouvelle flamme habite à Stuttgart. Vous vous êtes rencontrés comment ? Pendant un de tes voyages d'affaires ?

▲ Non, on s'est rencontrés sur un site de rencontres. On a chatté un peu et puis on a échangé nos numéros de téléphone et on a fait quelques appels visio. Et puis, j'ai décidé de lui faire une surprise et d'aller la rejoindre à Stuttgart, un samedi.

■ Quel romantique, notre Serge ! Mais dis donc, vous vous arrangez comment ? Une relation à distance, c'est pas facile à gérer.

▲ Ça, c'est bien vrai. Mais on veut bientôt emménager ensemble. Karin a déjà habité à Nancy et elle aimerait revenir y vivre. Elle a encore quelques contacts, alors elle va chercher un nouvel emploi ici.

● Ça te semble pas un peu précipité ? Vous ne vous connaissez que depuis quoi ?… Environ un an, c'est ça ?

▲ Oui, mais nous avons plein de choses en commun, tu sais : notre passion pour l'architecture, les randonnées en montagne et l'art. Entre nous, c'est l'accord parfait. Parfois, même pas besoin de parler, un regard suffit et on se comprend tout de suite. J'ai enfin trouvé l'âme sœur.

■ Alors tu es vraiment amoureux… Eh bien, c'est super, Serge ! Je suis content pour toi. Et toi, Myriam, tu veux pas te marier ? Adrien et toi, vous êtes ensemble depuis une éternité.

- ● Oui, c'est vrai. Ça fait presque dix ans qu'on est ensemble, sauf que moi, je ne crois pas au mariage. Notre vie commune fonctionne parfaitement bien comme ça et nous n'avons pas du tout l'intention de nous marier. Par contre, la famille va bientôt s'agrandir…
- ▲ Oh… Tu es enceinte ? Félicitations !
- ● Mais vous êtes bêtes ! Adrien et moi, on a décidé d'adopter un chien. On est déjà allés au refuge pour animaux et on en a trouvé un qui nous plait beaucoup. Il s'appelle Oscar. C'est un magnifique labrador, tout doux. On a déjà passé un peu de temps avec lui et dans quelques jours, on va pouvoir l'amener à la maison. Alors, pour les enfants… Oui, bien sûr qu'on en veut, mais c'est encore un peu tôt pour le moment. Peut-être dans quelques années. Et toi, Charles ?
- ■ Ben, une chose est sûre, je n'ai pas l'intention de me remarier de sitôt. On a signé la convention de divorce la semaine dernière. Alors, je vais commencer par profiter de ma vie de célibataire…

Foto A: Serge

Foto B: Charles

Foto C: Myriam

▶ 10 **1d Lösung**

1. Serge et Karin se sont rencontrés ☒ sur un site de rencontre.
2. Karin ☒ va chercher un emploi à Nancy.
3. Serge et Karin se passionnent tous les deux pour ☒ l'architecture. ☒ la randonnée. ☒ l'art.
4. Myriam et son compagnon ☒ n'ont pas l'intention de se marier.
5. Myriam ☒ veut avoir des enfants plus tard.
6. Charles ☒ est divorcé.

▶ 11 1e Text / Lösung

- Dis donc, tu as des nouvelles de Rosalie ? Ça fait un bail que je l'ai pas vue.
- *Elle va bien. On se voit assez souvent.*
- Ah bon. Et, est-ce qu'elle sort encore avec ce type bizarre ?
- *Non. Rosalie l'a quitté l'année dernière. Elle a maintenant un nouveau copain. Il s'appelle Étienne.*
- Ils se connaissent depuis longtemps ?
- *Oui. Ils se connaissent depuis presque six mois.*
- Et ils se sont rencontrés comment ?
- *Ils se sont rencontrés pendant un cours de yoga dans un village de vacances en Thaïlande.*
- Ça alors ! C'est digne d'un film hollywoodien ! Mais est-ce qu'ils ont d'autres choses en commun, à part le yoga ?
- *Oui. Rosalie et Étienne ont beaucoup de choses en commun. Ils se passionnent pour l'art, ils s'intéressent à la politique et ils adorent voyager.*
- Donc Rosalie aurait trouvé l'âme sœur ! Et est-ce qu'ils font déjà des projets d'avenir ? Est-ce qu'ils veulent se marier ?
- *Ils ne veulent pas se marier pour le moment, mais ils veulent bientôt emménager ensemble.*
- Et est-ce qu'ils veulent avoir des enfants ?
- *Rosalie veut d'abord se concentrer sur sa carrière, mais je suis sûre qu'elle veut avoir des enfants plus tard.*
- Eh bien... Quelles nouvelles !

B2 Ce que je ne supporte pas...

▶ 12 **2a Sie hören eine Radiosendung. Kreuzen Sie das Bild an, das dem Thema der Sendung am besten entspricht.**

▶ 12 **2b Hören Sie die Radiosendung noch einmal und beantworten Sie die Fragen.**

1. La journée internationale de l'amitié est célébrée quel jour ?

   ____

2. Depuis quand cette journée existe-t-elle et pourquoi a-t-elle été créée ?

   ____

   ____

3. Comment peut-on célébrer la journée de l'amitié au quotidien ?

   ____

   ____

4. Que signifie le proverbe « C'est dans le besoin qu'on reconnait ses vrais amis » ?

   ____

   ____

▶ 13 **2c Der Radiomoderator interviewt die Hörer Caroline und Maxime. Welche Themen werden behandelt?**

Dans cette interview, Caroline et Maxime parlent

☐ de leurs défauts.

☐ des défauts qu'ils ne peuvent pas supporter chez les autres.

☐ des qualités d'un véritable ami.

☐ des principales qualités de leurs amis.

▶ 13 **2d Hören Sie die Interviews noch einmal und vervollständigen Sie die Sätze.**

Pour Caroline, un véritable ami est

disponible et ______________________________.

Ce que Caroline ne peut pas supporter, c'est

______________________________.

La principale qualité de son amie Aurélie est

______________________________.

Pour Maxime, un véritable ami est

______________________________.

Maxime ne peut pas tolérer

______________________________.

Ce qu'il apprécie le plus chez son ami Jérôme, c'est

______________________________.

▶ 14 **2e Sie sind in Frankreich und werden auf der Straße für einen Radiosender zum Thema Freundschaft befragt. Antworten Sie mithilfe der folgenden Angaben.**

1. Für Sie ist ein wahrer Freund jemand, der hilfsbereit und geduldig ist. Er kann zuhören und er steht Ihnen auch zur Seite *(= être là pour moi)*, wenn Sie Probleme haben.
2. Was Sie nicht ertragen können, ist (die) Unaufrichtigkeit *(= l'hypocrisie)*. Sie könnten nicht mit jemandem befreundet sein *(= être ami avec)*, der Lügen erzählt.
3. Martin ist einer Ihrer guten Freunde. Sie kennen ihn seit langer Zeit und er ist wie ein Bruder für Sie. Er ist Teil *(= faire partie de)* der Familie.
4. Martin ist eine ehrliche, aufrichtige und warmherzige *(= chaleureux/-se)* Person. Das, was Sie bei ihm am meisten schätzen *(= apprécier)*, ist seine Liebenswürdigkeit *(= la gentillesse)*.

Beispiel:

■ Selon vous, comment doit être un véritable ami ?

● *Pour moi, un véritable ami, c'est quelqu'un qui est serviable et…*

B2 Ce que je ne supporte pas...

▶ 12 **2a Text / Lösung**

■ Bonjour à tous et bienvenue sur « Francissime » avec Julien Fauvelle. Ce matin, nous allons parler d'un sujet qui nous concerne tous : de l'amitié. En effet, nous sommes aujourd'hui le 30 juillet et c'est la journée internationale de l'amitié. Avec nous en studio, la sociologue Hélène Bertrand à qui j'ai demandé dans quelles circonstances cette journée avait été créée. Bonjour Hélène Bertrand.

● Bonjour Julien Fauvelle. Bien, vous savez, la journée internationale de l'amitié existe déjà depuis 10 ans. C'est en 2011 que l'Assemblée générale des Nations Unies a mis en place cette journée bien particulière afin de souligner l'importance de l'amitié entre les peuples. L'idée derrière tout ça était de promouvoir un dialogue entre les cultures et de contribuer ainsi à la paix dans le monde.

■ Donc, cette journée célébrait à l'origine l'amitié entre les différents pays et cultures. Et comment pouvons-nous y participer aujourd'hui, en tant qu'individus ?

● Eh bien, la journée de l'amitié est une bonne occasion de montrer à ses amis qu'on les apprécie. On peut le faire en organisant une sortie ou une activité à deux ou en groupe, mais les petits gestes sont aussi très importants pour entretenir l'amitié. On peut envoyer un texto sympa ou prendre le temps de téléphoner à un ou une ami/e.

■ Alors dites-nous, Hélène Bertrand, qu'est-ce qu'un « véritable » ami ?

● Eh bien, contrairement à un copain ou une simple connaissance, un vrai ami est une personne en qui on a totalement confiance, avec qui on peut parler de tout et qui est là quand on a des problèmes. Comme le dit le proverbe, « c'est dans le besoin qu'on reconnait ses vrais amis ». On peut passer des moments agréables avec des copains, mais quand on a des soucis, ce sont les vrais amis qui vont nous aider. On peut ajouter que les vrais amis sont sincères et directs. Ils nous écoutent sans nous juger et nous acceptent comme nous sommes, mais ils nous disent aussi ce qu'ils pensent vraiment. Ils nous aident donc, entre autres, à reconnaitre nos erreurs. Et vous serez peut-être surpris d'apprendre que le fait d'avoir de vrais amis a même des effets positifs sur la santé. En nous motivant, en nous encourageant et en nous incitant à prendre les bonnes décisions, nos amis nous aident à mener une vie saine.

Zur Radiosendung passt Foto B.

▶ 12 **2b Lösung**

1. *La journée internationale de l'amitié est célébrée le 30 juillet.*
2. *Cette journée a été créée en 2011 pour souligner l'importance de l'amitié entre les différents pays et cultures.*
3. *Nous pouvons tous y participer en célébrant l'amitié au quotidien par de petits gestes.*
4. *Le proverbe signifie que les véritables amis restent nos amis et nous aident quand on a des problèmes.*

▶ 13 2c Text / Lösung

■ Et maintenant, écoutons ce que nos auditeurs ont à dire sur le sujet. Caroline est à l'appareil. Bienvenue Caroline.

▲ Bonjour Julien.

■ Alors Caroline, selon vous, comment doit être un véritable ami ?

▲ Eh bien, pour moi, un véritable ami doit être disponible et fidèle. C'est quelqu'un qui est toujours là pour moi, surtout quand j'ai besoin de lui. Des amis, j'en ai pas beaucoup, mais je leur fais totalement confiance. Je les connais depuis mon enfance et nous sommes toujours restés proches.

■ En effet, c'est très important de pouvoir compter sur ses amis. Mais dites-moi, Caroline, est-ce qu'il y a des défauts que vous ne pourriez pas supporter chez vos amis ?

▲ Alors, ce que je ne peux pas supporter, c'est l'arrogance. L'humilité et la modestie sont des qualités que j'apprécie beaucoup. Moi, je suis une fille simple... Je ne me sens pas bien en présence de personnes arrogantes. Heureusement que mes amis me ressemblent là-dessus.

■ Et maintenant, Caroline, parlez-nous de votre meilleur/e ami/e. D'après vous, quelle est sa qualité la plus importante ?

▲ Eh bien, ma meilleure amie, c'est Aurélie. Je la connais depuis toujours et ce que j'apprécie chez elle, c'est son optimisme. C'est une fille super positive. Pour elle, le verre est toujours à moitié plein, peu importe la situation.

■ Merci Caroline. Nous avons déjà un deuxième auditeur en ligne. Bonjour Maxime. Alors, même question pour vous. D'après vous, qu'est-ce qu'un véritable ami ?

◆ Moi, je crois qu'un véritable ami, c'est quelqu'un de sincère, quelqu'un qui nous dit toujours ce qu'il pense vraiment. Oui, la sincérité, c'est une qualité que j'apprécie beaucoup chez mes amis.

■ Et qu'est-ce que vous ne pouvez pas du tout supporter ?

◆ Moi, ce qui m'énerve, ce sont les gens qui sont toujours en retard. Je trouve que c'est un manque de respect. Évidemment, on peut être en retard une fois de temps en temps parce qu'on a eu un imprévu. Ce sont des choses qui arrivent. Mais il y a des gens qui sont incapables d'arriver à l'heure. Et ça, ça m'énerve.

■ Dernière question : si vous pensez à un très bon ami, quelle serait sa principale qualité ?

◆ Alors, Jérôme est un de mes bons amis. On se connait seulement depuis quatre ans, mais il est comme un frère pour moi. Sa qualité principale, je dirais que c'est la générosité. Il a toujours le temps et il est toujours prêt à aider les autres. C'est vraiment une bonne personne.

■ Maxime, merci beaucoup d'avoir participé à l'émission. Et maintenant...

Dans cette interview, Caroline et Maxime parlent

☒ des défauts qu'ils ne peuvent pas supporter chez les autres.

☒ des qualités d'un véritable ami.

☒ des principales qualités de leurs amis.

▶ 13 **2d Lösung**

Pour Caroline, un véritable ami est *disponible et fidèle.*

Ce que Caroline ne peut pas supporter, c'est *l'arrogance.*

La meilleure qualité de son amie Aurélie est son *optimisme*.

Pour Maxime, un véritable ami est *sincère*.

Maxime ne peut pas tolérer *les gens en retard*.

Ce qu'il apprécie le plus chez son ami Jérôme, c'est *sa générosité*.

▶ 14 **2e Text / Lösung**

1. ■ D'après vous, comment doit être un véritable ami ?
   - *Pour moi, un véritable ami, c'est quelqu'un qui est serviable et patient. Il sait écouter et il est là pour moi quand j'ai des problèmes.*
2. ■ Qu'est-ce que vous ne pouvez pas supporter chez les autres ?
   - *Ce que je ne peux pas supporter, c'est l'hypocrisie. Je ne pourrais pas être ami avec quelqu'un qui raconte des mensonges.*
3. ■ Est-ce que vous avez un ami ou une amie dont vous vous sentez particulièrement proche ?
   - *Martin est un de mes bons amis. Je le connais depuis longtemps et il est comme un frère pour moi. Il fait partie de la famille.*
4. ■ Comment le décririez-vous ? Quelle est sa principale qualité ?
   - *Martin est une personne honnête, sincère et chaleureuse. Ce que j'apprécie le plus chez lui, c'est sa gentillesse.*

B3 Bruits de couloir

▶ 15 **3a Hören Sie das Gespräch und wählen Sie das dazu passende Bild aus.**

A

B

C

▶ 15 **3b Bringen Sie das Gespräch in die richtige Reihenfolge. Hören Sie anschließend zur Überprüfung.**

- [1] ■ Dis donc, Gabriel, tu sais où est Simon ?
- [ ] ● Je sais pas… Tu crois qu'ils sortent ensemble ?
- [ ] ■ Ben, quelqu'un a appelé pour lui et il est pas dans son bureau.
- [ ] ■ Non justement, j'ai vérifié et il n'y avait personne à la photocopieuse. Et Géraldine n'est pas à son poste non plus.
- [ ] ● C'est l'heure du déjeuner. Ils doivent être allés manger quelque part.
- [ ] ● Il doit être en train de faire des photocopies.
- [ ] ■ Ils vont souvent déjeuner ensemble, tu trouves pas ?
- [ ] ● Non. Pourquoi ?
- [9] ■ Ça m'étonnerait pas. Géraldine s'est séparée récemment. Chut ! Le voilà qui arrive. Allez, changeons de sujet…

▶ 16 **3c Sie halten einen Plausch mit Ihrer Kollegin. Antworten Sie auf ihre Fragen mithilfe der Angaben und verwenden Sie eine Konstruktion mit *devoir*, um Ihre Vermutungen zu äußern.**

Beispiel: ■ Pourquoi est-ce que Marianne refait ces calculs ?
● *Bien, elle doit avoir fait une erreur.*

0. einen Fehler gemacht haben
1. krank sein
2. schon gegessen haben oder beschäftigt sein
3. etwas vergessen haben
4. zur Kantine heruntergegangen sein

B3 Bruits de couloir

▶ 15 3a / 3b Text / Lösung

- ■ Dis donc, Gabriel, tu sais où est Simon ?
- ● Non. Pourquoi ?
- ■ Ben, quelqu'un a appelé pour lui et il est pas dans son bureau.
- ● Il doit être en train de faire des photocopies.
- ■ Non justement, j'ai vérifié et il n'y a personne à la photocopieuse. Et... Géraldine n'est pas à son poste non plus.
- ● C'est l'heure du déjeuner. Ils doivent être allés manger quelque part.
- ■ Ils vont souvent déjeuner ensemble, tu trouves pas ?
- ● Je sais pas... Tu crois qu'ils sortent ensemble ?
- ■ Ça m'étonnerait pas. Géraldine s'est séparée récemment. Chut ! Le voilà qui arrive. Allez, changeons de sujet...

Zum Gespräch passt Foto C.

▶ 16 3c Text / Lösung

1. ■ Tiens... Lucie n'est pas là aujourd'hui ?
   ● *Elle doit être malade.*
2. ■ Pourquoi est-ce que Fabien ne vient pas déjeuner avec nous ?
   ● *Il doit déjà avoir mangé ou il doit être occupé.*
3. ■ Mais la réunion commence dans cinq minutes ! Pourquoi est-ce que Réginald retourne dans son bureau ?
   ● *Il doit avoir oublié quelque chose.*
4. ■ Et où est Sabrine ? Elle n'est pas à son poste.
   ● *Elle doit être descendue à la cantine.*

C Carrières et professions

C1 Tu as toujours été bon en dessin

▶ 17 **1a Marc und Françoise treffen sich nach Jahren zufällig in ihrem Heimatdorf Bruyères wieder. Hören Sie und entscheiden Sie, was auf Marc zutrifft.**

1. Marc vit ☐ en France. ☐ à l'étranger.
2. Marc ne retourne plus dans son village natal parce qu'il
   ☐ s'est disputé avec ses parents. ☐ ne connait plus personne là-bas.

▶ 17 **1b Hören Sie noch einmal: Welche Fotos passen zu den Berufen von Marc und Françoise? Schreiben Sie den jeweils passenden Namen unter die Fotos.**

A

______

B

______

C
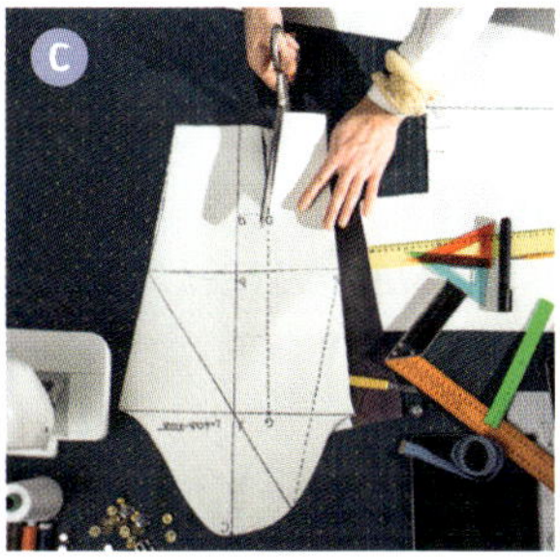
______

▶ 17 **1c Hören Sie den Dialog ein weiteres Mal und entscheiden Sie: richtig oder falsch?**

	vrai	faux
1. Marc a toujours eu du talent en couture et en dessin.	☐	☐
2. Marc a appris à coudre avec sa mère.	☐	☐
3. Marc aurait aimé étudier à l'étranger.	☐	☐
4. Marc sait parler plusieurs langues.	☐	☐
5. Françoise a toujours été bonne en informatique.	☐	☐
6. Françoise a appris à programmer avec son père.	☐	☐

▶ 18 **1d Louis-Philippe trifft einen französischen Bekannten von früher wieder. Dieser hat viele Fragen. Übernehmen Sie Louis-Philippes Rolle ▲ und antworten Sie mithilfe der folgenden Angaben.**

■ Ça fait une éternité qu'on s'est pas vus. Tu habites toujours à Poitiers ?

Sie bejahen und sagen, dass Sie nicht bereuen (= ne pas regretter), *sich dort niedergelassen* (= s'installer*) zu haben.*

▲ ______________________________

■ Tu travailles toujours pour ce groupe multinational ?

Sie verneinen und sagen, dass Sie vor einigen Jahren aufgehört haben. Sie waren Verkäufer, aber Sie haben verstanden, dass es nicht Ihre Berufung war.

▲ ______________________________

■ Et qu'est-ce que tu fais maintenant ?

Sie sind Konditor und haben Ihre eigene Konditorei.

▲ ______________________________

■ C'est tout un changement. Et qu'est-ce qui t'a poussé à te réorienter ?

Es ist schon immer Ihr Traum gewesen, Konditor zu werden. Es ist Ihr Opa, der Ihnen beigebracht hat, Torten und Kuchen zu backen (= faire).

▲ ______________________________

■ Ah oui ! Ton grand-père avait une pâtisserie. Alors, qu'est-ce que tu as fait après avoir quitté ton travail ?

Sie haben einen beruflichen Abschluss als Konditor (= certificat d'aptitude professionnelle / CAP pâtisserie) *gemacht und haben anschließend bei einem sehr kreativen Konditormeister* (= artisan pâtissier) *gearbeitet. Und vor drei Monaten haben Sie Ihr eigenes Geschäft eröffnet.*

▲ ______________________________

■ Félicitations ! Tu me donneras l'adresse.

C1 Tu as toujours été bon en dessin

▶ 17 **1a Text / Lösung**

■ Françoise ? Salut !

● Marc ! Quelle surprise ! Ça fait un bail qu'on s'est pas vus. Depuis que t'habites plus à Bruyères, t'as complètement disparu de la circulation.

■ Ben oui, tu sais comment c'est. Depuis que mes parents sont décédés, j'ai plus personne ici. Mais ça fait du bien de revenir à Bruyères une fois de temps en temps.

● Oui, tu as l'air en pleine forme. Tu habites toujours à Bordeaux ?

■ Oui. J'adore cette ville et puis, côté boulot, ça marche assez bien : je viens d'ouvrir un deuxième atelier dans le centre-ville.

● Waouh ! Félicitations. Je sais que c'était ton rêve de devenir designer.

■ Oui, j'ai toujours adoré la couture et le dessin. Il faut dire que c'est un peu dans la famille.

● Ah oui, ta mère était couturière et elle avait une boutique de mode, non ?

■ Oui, mais c'est ma tante Anouk qui m'a tout appris. Elle était assez connue dans la région et elle avait un atelier avec plusieurs employés. Je passais tout mon temps libre avec elle : les weekends, les grandes vacances. C'est elle qui m'a appris à créer mes premiers modèles et à coudre à la machine.

● Oui, mais c'était vraiment ta vocation. Tu as toujours été bon en dessin et je me souviens que tu avais déjà ton propre style à l'école. On te demandait souvent ton avis quand on ne savait pas quoi porter pour aller à une fête. Tu savais bien combiner les couleurs. Et puis après le bac, t'es allé à Paris, c'est ça ?

■ Oui. J'ai d'abord travaillé comme vendeur. Et puis, petit à petit, j'ai pu présenter quelques modèles et j'ai commencé à me faire remarquer. Il y a cinq ans, j'ai eu l'honneur de travailler avec Rolland Stéphani et il m'a encouragé à fonder mon propre atelier. Alors, je suis allé m'installer à Bordeaux.

● Et maintenant deux ateliers ! Tu dois être fier de toi.

■ Oui, mais tu sais, je regrette un peu de pas avoir fait d'études. Et j'aurais aimé passer du temps à l'étranger. Si j'avais eu plus confiance en moi à l'époque, j'aurais essayé de faire des études à New York ou à Londres, mais bon, avec mon anglais... Tu sais que je n'ai jamais été très doué en langues.

● Bof, il y a plein de grands couturiers qui n'ont jamais fait d'études et que tout le monde connait aujourd'hui : Balenciaga ou bien Coco Chanel, par exemple.

■ C'était une autre époque. Si j'avais étudié, je serais peut-être à Milan ou à Londres aujourd'hui.

- Tu ne peux pas te plaindre, quand même, avec deux ateliers à Bordeaux !
- Bien sûr, mais toi non plus ça ne va pas mal, si j'ai bien compris. Tu travailles comme informaticienne, c'est ça ?
- Oui. Je suis développeuse logiciel pour un service de messagerie.
- Ah, tu as toujours été un petit génie ! Je me souviens que tu étais la meilleure de classe en maths.
- C'est vrai que j'avais de la facilité pour les maths. Ça m'a beaucoup aidé à comprendre l'informatique. J'ai appris toute seule d'ailleurs, d'abord en empruntant des livres à la bibliothèque, et puis sur Internet, avant de faire des études, bien sûr.
- Oui, au collège déjà, tu ne parlais que de ça. C'était les débuts du World Wide Web et je crois que tu as été une des premières à avoir eu un accès Internet chez toi.
- Tu as une bonne mémoire ! Oui, je passais des heures à programmer. J'ai toujours adoré la pensée logique, les nombres, les formules mathématiques. Mais contrairement à toi, j'étais complètement nulle en travaux manuels...
- Oh oui, les arts plastiques, ce n'était vraiment pas ton truc. Tu te souviens du vase qu'on avait fabriqué pour la fête des mères pendant le cours de poterie ?
- Oui, une horreur ! Eh bien, ça n'a pas changé. Je suis toujours aussi nulle qu'avant en bricolage !

1. Marc vit ☒ en France.
2. Marc ne retourne plus dans son village natal parce qu'il ☒ ne connait plus personne là-bas.

▶ 17 **1b Lösung**

Foto A: Marc

Foto B: Françoise

Foto C: Marc

▶ 17 **1c Lösung**

	vrai	faux
1. Marc a toujours eu du talent en couture et en dessin.	☒	☐
2. Marc a appris à coudre avec sa mère. *Marc a appris à coudre avec sa tante Anouk.*	☐	☒
3. Marc aurait aimé étudier à l'étranger.	☒	☐
4. Marc sait parler plusieurs langues. *Marc n'est pas doué en langues.*	☐	☒
5. Françoise a toujours été bonne en informatique.	☒	☐
6. Françoise a appris à programmer avec son père. *Françoise a appris par elle-même avant de faire des études.*	☐	☒

▶ 18 **1d Text / Lösung**

■ Ça fait une éternité qu'on s'est pas vus. Tu habites toujours à Poitiers ?

▲ *Oui et je ne regrette pas de m'être installé là.*

■ Tu travailles toujours pour ce groupe multinational ?

▲ *Non, j'ai arrêté il y a quelques années. J'étais vendeur, mais j'ai compris que ce n'était pas ma vocation.*

■ Et qu'est-ce que tu fais maintenant ?

▲ *Je suis pâtissier et j'ai ma propre pâtisserie.*

■ C'est tout un changement. Et qu'est-ce qui t'a poussé à te réorienter ?

▲ *Ça a toujours été mon rêve de devenir pâtissier. C'est mon grand-père qui m'a appris à faire des tartes et des gâteaux.*

■ Ah oui ! Ton grand-père avait une pâtisserie. Alors, qu'est-ce que tu as fait après avoir quitté ton travail ?

▲ *J'ai fait un CAP pâtisserie et après, j'ai travaillé chez un artisan pâtissier très créatif. Et il y a trois mois, j'ai ouvert mon propre commerce.*

■ Félicitations ! Tu me donneras l'adresse.

C2 J'ai décidé de recommencer à zéro

▶ 19 **2a Sie hören einen Ausschnitt aus der Radiosendung « C'est la vie ! ». Worum geht es?**

Dans l'émission, les auditeurs parlent
- ☐ d'une décision qui a changé leur vie.
- ☐ du sens de la vie.
- ☐ d'une tragédie personnelle.

▶ 19 **2b Hören Sie den Ausschnitt noch einmal und ordnen Sie den Personen die Fotos zu.**

Roger • Thomas • Delphine

________________ ________________ ________________

▶ 20 **2c Hören Sie nun das Interview mit Thomas. Von welcher Entscheidung in seinem Leben spricht er?**

Thomas a pris la décision
- ☐ de s'inscrire à l'université.
- ☐ d'arrêter de travailler dans une banque.
- ☐ d'aller vivre en Suède.

▶ 20 **2d Hören Sie das Interview noch einmal: Was ist richtig, was ist falsch?**

	vrai	faux
1. Thomas a toujours trouvé son travail ennuyeux.	☐	☐
2. Thomas va prendre un congé sabbatique.	☐	☐
3. Après avoir quitté son travail, il va faire un voyage en Afrique.	☐	☐
4. Thomas rêve de devenir journaliste ou écrivain.	☐	☐
5. Après son retour, il va s'inscrire à un cours d'écriture créative.	☐	☐

▶ 21 **2e Sie werden zu den Zukunftsplänen und Träumen von Audrey, Vincent und Mélanie befragt. Beantworten Sie die Fragen Ihres Gesprächspartners mithilfe der Angaben, wie im Beispiel.**

Beispiel:

■ J'ai entendu dire qu'Audrey voulait arrêter d'étudier.

● *Oui, elle ne va plus à l'université.*

■ Et, qu'est-ce qu'elle veut faire ?

● *Elle veut voyager et vivre à l'étranger pendant quelque temps.*

■ Et qu'est-ce qu'elle veut faire après ?

● *Elle a l'intention de déménager à Marseille et de chercher du travail dans le domaine du cinéma. Elle a toujours rêvé de travailler pour un grand studio cinématographique.*

	Getroffene Entscheidung	Vorhaben	Künftige Pläne	langjähriger Traum
 **0. Audrey**	geht nicht mehr zur Universität	verreisen / einige Zeit im Ausland leben	nach Marseille umziehen und Arbeit in der Filmbranche suchen	für / bei einem großen Filmstudio arbeiten
 **1. Vincent**	hat mit seinem Chef gesprochen und gekündigt	sich zu einer Ausbildung *(= une formation)* einschreiben, um Kunst-schreiner *(= ébéniste)* zu werden	die Werkstatt *(= un atelier)* seines Onkels übernehmen *(= reprendre)*	sein eigener Chef sein
 **2. Mélanie**	Nein. hat nicht gekündigt hat ein Sabbatical genommen	zunächst einen Fotokurs belegen und dann nach Argentinien fliegen	die Land-schaften fotografieren und ihre Erfahrung im Internet erzählen	einen Reiseblog kreieren.

C2 J'ai décidé de recommencer à zéro

▶ 19 2a Text / Lösung

■ Et nous revoici à l'émission « C'est la vie ! » où chaque semaine, nous invitons notre public à discuter avec nous de leurs projets, de leurs problèmes, de leurs rêves, bref de tout ce qui les touche. Cette semaine, nous avons demandé à nos auditeurs de nous parler d'une décision qu'ils ont prise cette année et qui a changé leur vie. Nous avons déjà reçu plusieurs témoignages. Voici celui de Roger, suivi de ceux de Thomas et de Delphine.

● Oui, euh... Bonjour. Je m'appelle Roger et une des décisions les plus importantes de ma vie, ça a été de vendre le garage familial. Vous savez, c'était le garage que mon grand-père avait fondé, alors ça a été dur de m'en défaire. D'autant plus que ma femme et moi, nous n'avons pas d'enfants, alors il n'y avait personne pour le reprendre. Quand j'ai eu 62 ans, à l'âge légal de départ à la retraite, j'ai d'abord continué à travailler, mais il y a six mois, j'ai compris que je devais vendre si je voulais profiter un peu plus de la vie. Ça n'a pas été facile sur le coup, mais maintenant, je sais que c'était la bonne décision. Je peux enfin faire ce que je veux, quand je veux, et ma femme est heureuse de pouvoir passer un peu plus de temps avec moi.

▲ Bonjour. Je m'appelle Thomas Morel. J'ai 41 ans et je suis directeur de banque... mais plus pour longtemps. Il y a quelques semaines, j'ai décidé que je voulais changer de vie et recommencer à zéro. Voilà. J'ai pesé le pour et le contre, et j'ai donné ma démission.

◆ Alors moi, c'est Delphine. Il y a presqu'un an, j'ai quitté Lyon et j'ai déménagé en Suisse. J'habite maintenant à la campagne, dans une toute petite maison avec quelques vaches et je vis pratiquement en autarcie. Je mange les légumes de mon jardin et mon propre fromage, bien sûr. J'ai choisi cette simplicité volontaire et je ne regrette rien. Quitter la ville, ça a été la meilleure décision de ma vie. Je suis beaucoup plus heureuse maintenant.

■ Nous venons d'entendre plusieurs témoignages bien différents, mais avec un dénominateur commun : les changements positifs générés par une décision courageuse. Parmi les témoignages qui nous sont parvenus, nous aimerions avoir...

Dans l'émission, les auditeurs parlent ☒ d'une décision qui a changé leur vie.

▶ 19 2b Lösung

Foto A: Delphine

Foto B: Thomas

Foto C: Roger

▶ 20 **2c Text / Lösung**

■ Bonjour Thomas. Merci de nous avoir fait parvenir ce témoignage qui nous a beaucoup impressionné. Vous avez 41 ans. Vous aviez un emploi stable et bien rémunéré et vous avez décidé de le quitter pour changer de vie.

▲ Oui. Pour moi, c'était le moment où jamais. J'ai fait le point sur ma situation actuelle et me suis demandé si c'était vraiment ce que je voulais faire jusqu'à la fin de mes jours. La réponse était claire : non.

■ Attendez, alors on va faire un petit retour en arrière. Pouvez-vous nous raconter ce qui a déclenché ce processus de réflexion ?

▲ Oui, bien sûr. Alors, je travaille depuis 20 ans dans le secteur bancaire. J'ai été employé pendant plusieurs années et puis, je suis devenu le directeur d'une succursale. Au début, j'aimais bien mon travail. Je me sentais important et il y avait toujours de nouveaux défis, mais aujourd'hui, il y a beaucoup de pression, les horaires sont de plus en plus chargés et j'ai l'impression de toujours faire la même chose. Je ne dis pas que mon travail ne comporte pas d'aspects intéressants, mais je veux maintenant passer à autre chose. Et je veux pouvoir vivre quelques temps à l'étranger. À l'origine, je voulais prendre un congé sabbatique, mais ma banque n'en proposait pas, alors j'ai décidé de passer à l'acte et de démissionner.

■ Alors qu'est-ce que vous avez l'intention de faire, maintenant que vous êtes libre ?

▲ J'ai quelques semaines pour y réfléchir. Officiellement, mon contrat se termine dans deux mois. Pendant ce temps-là, je vais suivre des cours de langues. Je veux apprendre le suédois et améliorer mon anglais.

■ Le suédois ?

▲ Oui, j'ai l'intention de faire le tour de la Scandinavie. J'ai toujours eu envie de découvrir le grand nord et ça va me permettre de me ressourcer et de réfléchir aux possibilités qui s'offrent à moi. J'aimerais ensuite me consacrer à l'écriture. Je ne rêve pas de devenir journaliste ou écrivain à mon âge, mais j'ai toujours aimé écrire et je crois que je pourrais travailler comme « content writer » par exemple, c'est à dire rédiger des courts articles pour un site web, des descriptions de produit ou même de la publicité. À mon retour, je vais m'inscrire à un cours d'écriture créative en ligne et après, si tout va bien, je voudrais travailler en freelance. J'ai déjà beaucoup de contacts, alors je pense être capable de me monter une clientèle assez rapidement. Et l'avantage, c'est qu'on peut faire ce travail de l'étranger. Ça me permettrait de voyager. Ce ne sera pas facile, mais je suis convaincu qu'il n'est jamais trop tard pour changer de vie.

■ Eh bien Thomas, merci d'avoir partagé ce témoignage avec nous. Nous vous souhaitons bonne chance et bon succès ! Et maintenant, c'est à Pascal de ...

Thomas a pris la décision ☒ d'arrêter de travailler dans une banque.

▶ 20 2d Lösung

		vrai	faux
1.	Thomas a toujours trouvé son travail ennuyeux.	☐	☒
2.	Thomas va prendre un congé sabbatique. *Thomas voulait prendre un congé sabbatique, mais sa banque n'en proposait pas.*	☐	☒
3.	Après avoir quitté son travail, il va faire un voyage en Afrique. *Il va faire le tour des pays scandinaves.*	☐	☒
4.	Thomas rêve de devenir journaliste ou écrivain. *Il veut devenir « content writer ».*	☐	☒
5.	Après son retour, il va s'inscrire à un cours d'écriture créative.	☒	☐

▶ 21 2e Text / Lösung

1. ■ J'ai entendu dire que Vincent allait quitter son emploi de menuisier.
   ● *Oui, il a parlé à son patron et il a démissionné.*
   ■ Et qu'est-ce qu'il a l'intention de faire ?
   ● *Il veut s'inscrire à une formation pour devenir ébéniste.*
   ■ Ah bon ! Qu'est-ce qui l'a motivé à se réorienter ?
   ● *Il veut reprendre l'atelier de son oncle. Ça a toujours été son rêve d'être son propre patron.*
2. ■ J'ai entendu dire que Mélanie avait démissionné.
   ● *Non, elle n'a pas donné sa démission. Elle a pris un congé sabbatique.*
   ■ Ah bon ! Alors qu'est-ce qu'elle a l'intention de faire ?
   ● *Elle voudrait d'abord suivre un cours de photographie et puis partir en Argentine.*
   ■ Et qu'est-ce qu'elle veut faire là ?
   ● *Elle aimerait photographier les paysages et raconter son expérience sur Internet. Elle a toujours rêvé de créer un blog de voyages.*

C3 Voués à disparaitre

▶ 22 **3a Hören Sie das Gespräch zwischen Suzanne und Gérard. Welches Bild passt thematisch dazu?**

A  ☐

B  ☐

C 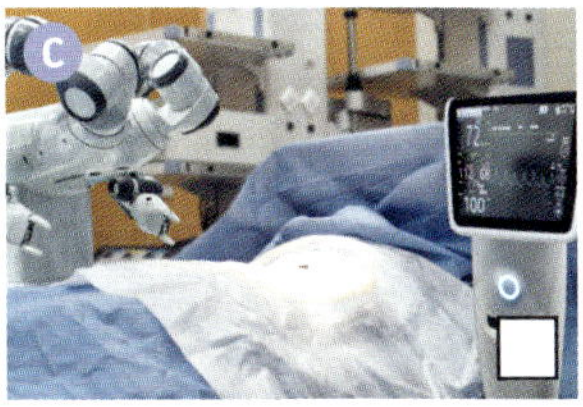 ☐

▶ 22 **3b Hören Sie das Gespräch noch einmal: Auf welche beruflichen Tätigkeitsbereiche beziehen sich Suzanne und Gérard?**

☐ la médecine ☐ le tourisme ☐ l'éducation

☐ les transports ☐ la gastronomie ☐ le commerce

▶ 22 **3c Hören Sie noch einmal: Wer äußert folgende Meinung? Tragen Sie S für Suzanne oder G für Gérard ein.**

1. ___G___ Le monde du travail évolue de plus en plus vite avec les nouvelles technologies.
2. ______ Dans un futur proche, les camions circuleront de manière autonome grâce à l'intelligence artificielle.
3. ______ Il est dommage que le métier d'agent de voyage soit voué à la disparition à cause des portails Internet touristiques.
4. ______ Certaines professions ne pourront jamais être remplacées par des robots parce qu'elles demandent des qualités comme l'empathie.
5. ______ De nouvelles professions apparaitront dans le domaine de l'éthique et remplaceront les métiers disparus.
6. ______ À l'avenir, des robots serviront les clients dans les restaurants et ce sera très bien comme ça.

▶ 23 **3d Nehmen Sie nun mithilfe der Angaben Stellung zu den folgenden Zukunftsszenarien. Achten Sie dabei auf die Verwendung des *subjonctif*.**

Beispiel: wahrscheinlich – Roboter nehmen den Platz der Köche ein

- Selon toi, est-ce que les cuisiniers seront remplacés par des robots dans quelques années ?
- Oui, il est probable que les robots prennent la place des cuisiniers.

1. möglich – Drohnen und die elektronische Post *(= des messageries électroniques)* ersetzen die Postboten
2. nicht denken – die digitalen Geräte und die neuen Technologien werden den Beruf des Bibliothekars obsolet machen *(= rendre obsolète)*
3. wahrscheinlich – bald machen Drohnen und autonome Fahrzeuge die Arbeit der Landwirte
4. nicht überzeugt sein – künstliche Intelligenz kann einen Text genauso gut übersetzen wie ein Dolmetscher oder ein Übersetzer

C3 Voués à disparaitre

▶ 22 **3a Text / Lösung**

■ Dis donc Gérard, tu as lu cet article sur les métiers menacés par l'arrivée de nouvelles technologies ?

● Je ne pense pas, non. C'est intéressant ?

■ C'est surtout déprimant ! L'auteur a une vue très pessimiste sur l'avenir du monde du travail. Selon lui, il est probable que dans quelques années, des robots ou des ordinateurs remplacent les humains dans un grand nombre de domaines.

● Bof ! C'est pas nouveau, ça. Le monde du travail est en continuelle évolution. Avec l'arrivée des nouvelles technologies, le rythme s'accélère, c'est tout. Certaines professions disparaissent et d'autres apparaissent. Ça a toujours été comme ça...

■ Bien moi, ce qui m'étonne, c'est que même des métiers qui demandent un certain niveau d'attention soient voués à disparaitre. Les conducteurs de poids lourds ou de taxis arrivent en troisième position dans la liste des métiers en voie de disparition.

● Mais, tu sais, dans plusieurs villes, les transports en commun circulent déjà sans conducteur. Alors je crois qu'avec les progrès de l'intelligence artificielle, on verra bientôt les premiers camions se déplacer de manière autonome. Et puis, plusieurs constructeurs automobiles ont déjà développé des prototypes de voitures autonomes. Je serais d'ailleurs le premier à en acheter une si c'était possible.

■ Et tu crois que cette technologie est sécuritaire ? D'après ce que j'ai lu, les premiers essais étaient loin d'être convaincants. Il y aurait même eu des accidents.

● Les constructeurs doivent s'assurer que tout fonctionne et que les véhicules sont sécuritaires avant de pouvoir les mettre sur le marché, bien sûr. Mais quand on met au point une nouvelle technologie, c'est normal qu'il y ait des difficultés ou des imprévus au début... Et puis, quels autres métiers sont voués à disparaitre ?

■ Bien, en deuxième position, les agents de voyages qui, eux, ne seront pas remplacés par des robots, mais par des portails Internet.

● Mais c'est déjà le cas depuis longtemps. Moi, ça fait des années que je n'ai pas mis les pieds dans une agence de voyage. Acheter des billets d'avion, réserver une chambre d'hôtel, on fait tout ça en ligne aujourd'hui.

■ C'est vrai que c'est moins cher et que ce n'est pas très compliqué, mais tout de même, je trouve ça triste qu'il y ait de moins en moins d'agences de voyage. Enfin, bon... Et puis, pour terminer la liste : selon l'article, les métiers les plus touchés par l'avancée des nouvelles technologies, ce sont les caissiers et les serveurs. Il existe déjà des caisses automatiques au supermarché, alors j'imagine que le personnel de caisse pourrait bientôt être remplacé par des ordis. Idem pour les métiers du service.

- Eh bien, ça non plus, ça ne changera rien à ma vie. Dans beaucoup de restaurants on utilise déjà des tablettes ou des smartphones pour prendre les commandes, alors pourquoi pas des robots qui nous apporteraient notre repas et nos boissons ?
- Et le contact humain dans tout ça ? Avec un robot, on ne peut pas échanger quelques mots à la caisse ou se faire recommander un vin pour aller avec un plat.
- Mais c'est bien ça l'idée ! S'il y a une chose que je ne peux pas supporter, c'est le small talk à la caisse ou au restaurant.
- Oh Gérard, tu n'es vraiment pas sociable ! Eh bien moi, je crois qu'il y a plusieurs professions qui requièrent des qualités qu'une machine n'aura jamais, comme le sens de l'humour ou l'empathie. Je ne pense pas qu'un psychologue ou un kinésithérapeute puisse être remplacé par un robot, par exemple.
- Alors là, je te donne raison là-dessus. Par contre, il y a déjà des robots qui réalisent des interventions chirurgicales. Ils sont maniés par un chirurgien, bien sûr, mais c'est possible qu'avec le développement de l'intelligence artificielle, les machines deviennent de plus en plus autonomes.
- Bien moi, je ne trouve pas ça très rassurant et je n'aurais pas envie de me faire opérer par un robot. Et puis, si les robots nous remplacent dans tant de domaines, pense à tous ces gens qui perdront leur emploi. Le taux de chômage va monter en flèche.
- C'est pourquoi je dis toujours qu'il faudrait instaurer un revenu universel. Ça règlerait le problème. Mais en attendant, c'est bien possible qu'avec l'arrivée de tous ces robots dans le monde du travail, des métiers qui n'existent pas encore fassent leur apparition.
- Tu veux dire qu'on aura besoin d'encore plus d'informaticiens pour continuer de développer et faire fonctionner ces nouvelles technologies ?
- Oui, ça aussi, mais vu les progrès de la science dans des domaines comme la cybernétique ou le clonage, on pourrait aussi avoir besoin d'experts en éthique, par exemple. Ces spécialistes aideraient les scientifiques à prendre les bonnes décisions.
- Peut-être bien, mais ce n'est pas ça qui va donner un nouvel emploi à la caissière ou à l'agent de voyage au chômage… Non vraiment, le seul aspect positif mentionné dans l'article qui me réconcilie un peu avec la technologie, c'est que les robots pourraient remplacer les humains pour réaliser des tâches pénibles ou dangereuses.
- Tu vois ! Et ça, ce serait vraiment un progrès pour beaucoup d'ouvriers et de travailleurs.

Zum Dialog passt Foto C.

▶ 22 **3b Lösung**

☒ la médecine ☒ le tourisme ☒ les transports ☒ la gastronomie ☒ le commerce

▶ 22 **3c Lösung**

1. G Le monde du travail évolue de plus en plus vite avec les nouvelles technologies.

2. G Dans un futur proche, les camions circuleront de manière autonome grâce à l'intelligence artificielle.

3. S Il est dommage que le métier d'agent de voyage soit voué à la disparition à cause des portails Internet touristiques.

4. S Certaines professions ne pourront jamais être remplacées par des robots parce qu'elles demandent des qualités comme l'empathie.

4. G De nouvelles professions apparaitront dans le domaine de l'éthique et remplaceront les métiers disparus.

5. G À l'avenir, des robots serviront les clients dans les restaurants et ce sera très bien comme ça.

▶ 23 **3d Text / Lösung**

1. ■ À ton avis, est-ce que le métier de facteur va disparaitre?
   - Oui, il est possible que des drones ou des messageries électroniques remplacent les facteurs.
2. ■ Tu crois que le métier de bibliothécaire est voué à la disparition ?
   - Non, je ne pense pas que les appareils numériques et les nouvelles technologies rendent le métier de bibliothécaire obsolète.
3. ■ Selon toi, est-ce que le métier d'agriculteur va disparaitre ?
   - Oui, il est probable que des drones et des véhicules autonomes fassent bientôt le travail des agriculteurs.
4. ■ D'après toi, est-ce que les interprètes et les traducteurs vont bientôt tous être au chômage ?
   - Non, je ne suis pas convaincu/e qu'une intelligence artificielle puisse traduire un texte aussi bien qu'un interprète ou qu'un traducteur.

D Une nouvelle génération

D1 Tu exagères !

▶ 24 **1a Hören Sie die Diskussion zwischen Julie, ihrer Mutter Catherine und ihrem Sohn Raphaël. Wählen Sie dann die jeweils passende Option aus.**

1. La conversation a lieu ☐ au petit déjeuner. ☐ au diner.
2. Julie et Catherine parlent ☐ des progrès technologiques. ☐ des différences entre les jeunes d'hier et d'aujourd'hui.
3. Julie et Catherine ont ☐ des opinions différentes ☐ la même opinion sur le sujet.

▶ 24 **1b Hören Sie die Diskussion erneut und entscheiden Sie, wer die jeweilige Meinung vertritt: Julie (J) oder ihre Mutter Catherine (C). Vorsicht: Einmal haben beide die gleiche Meinung!**

_____ Avant, toute la famille se réunissait autour de la table pour discuter et passer du temps ensemble.

_____ Les nouvelles technologies détruisent les relations entre les gens.

_____ Les jeunes font des appels vidéo parce qu'ils ne sont plus capables de se parler en personne.

_____ Les jeunes d'aujourd'hui sont plus ouverts d'esprit.

_____ Autrefois, les jeunes s'engageaient davantage. Aujourd'hui, ils n'ont plus aucunes valeurs.

_____ Les jeunes d'aujourd'hui protègent l'environnement et font preuve de solidarité.

▶ 24 **1c Hören Sie erneut und versuchen Sie hier und auf Seite 55 oben die Ausdrücke zu ergänzen, die Julie und Catherine verwenden, um ...**

1. die eigene Meinung zu äußern: ______________________________

____

2. Zustimmung auszudrücken: ______________________________

____

3. Uneinigkeit zu signalisieren: ______________________________

____

____

____

4. Zweifel und Unsicherheit zu äußern: ______________________________

____

1d Ergänzen Sie nun die folgenden Ausdrücke bei Übung 1c.

Je suis tout à fait de ton avis. • C'est possible, mais… • Tu as raison. •

Je suis d'accord avec toi. • Je pense que… • Ça dépend. • Moi, je crois que…

▶ 25 **1e Sie hören nun verschiedene Meinungen über die Jugend von heute. Reagieren Sie jeweils mithilfe der Angaben darauf.**

Beispiel: ■ Avant, les jeunes se rencontraient au jardin public ou dans un café. Aujourd'hui, ils préfèrent passer leur journée à la maison.

● *Je suis d'accord avec toi. Aujourd'hui, les jeunes ne sortent plus. Ils se rencontrent chez des amis pour regarder leur série préférée ou jouer à des jeux vidéo.*

0. **Sie stimmen zu:** Heute gehen die jungen Leute nicht mehr aus. Sie treffen sich bei Freuden, um ihre Lieblingsserie anzusehen oder Videospiele zu spielen.

1. **Sie stimmen nicht zu:** Auch heute sind die Jugendlichen romantisch: Sie schicken kreative Videos, schreiben Lieder für ihren Freund / ihre Freundin oder organisieren Überraschungen mithilfe der sozialen Medien *(= à l'aide des média sociaux)*.

2. **Sie stimmen zu:** Die jungen Leute sind heute *Digital Natives (= des enfants du numérique)*: Mit *(= à)* vier Jahren spielen die Kinder schon auf dem Tablet *(= la tablette)* ihrer Eltern und mit acht Jahren können sie Nachrichten verschicken.

3. **Sie stimmen nicht zu:** Die jungen Leute interessieren sich nach wie vor *(= encore)* für die Schule und für ihre Zukunft. Sie nutzen das Internet, um schnell Informationen zu finden, sie stellen sie aber infrage *(= remettre en question)* und überprüfen ihre Quellen *(= vérifier leurs sources)*.

4. **Sie drücken Zweifel und Unsicherheit aus:** Auch heute respektieren die Kinder ihre Eltern; die Eltern sind aber verständnisvoller *(= compréhensifs)* und berücksichtigen *(= tenir compte de)* die Bedürfnisse *(= les besoins)* und die Träume ihrer Kinder.

D1 Tu exagères !

▶ 24 1a Text / Lösung

■ Raphaël, tu pourrais arrêter de jouer avec ton portable, s'il te plait ? Au moins quand on est à table !

● Encore une seconde, mamie ! Je dois juste télécharger une vidéo sur les réseaux sociaux.

■ Une vidéo ? Mais on est en train de diner ! Et toi Julie, tu ne dis rien ? Tu le laisses faire ?

▲ Maman, qu'est-ce que tu veux que je dise ? C'est la jeunesse d'aujourd'hui.

■ Eh bien, toi, tu n'étais pas comme ça. Et moi non plus d'ailleurs.

● Oh mamie ! Quand tu étais jeune, les smartphones et Internet, ça n'existait même pas. Écoute, je vais juste faire un appel vidéo et je reviens pour le dessert. Ok ? À tout de suite !

■ Eh bien, dans mon temps, ça ne se passait pas comme ça... Avant, toute la famille se réunissait autour de la table au diner. On discutait, on se racontait notre journée. Et ton frère et toi, vous participiez à la conversation.

▲ Ça, c'est bien vrai. Papa et toi, vous étiez très sévères là-dessus. Nous n'avions jamais le droit de regarder la télé pendant les repas. Le diner, c'était un moment de convivialité où nous étions tous ensemble et où tout le monde parlait et discutait.

■ Oui. Aujourd'hui, les jeunes ne parlent plus. Ils sont trop occupés à écrire des textos ou à jouer sur leurs smartphones. À mon avis, les nouvelles technologies sont en train de détruire les relations sociales et empêchent les jeunes de créer de nouveaux liens. Comment ils font, les jeunes d'aujourd'hui, pour se faire des amis ? Avant, on se rencontrait sur la place du village ou on se retrouvait dans des associations de sport pour jouer au foot. Mais aujourd'hui...

▲ Mais qu'est-ce que tu racontes, maman ! Aujourd'hui, les jeunes ont d'autres possibilités de se rencontrer et de s'amuser. Maintenant, c'est Internet le lieu où on se rencontre, où on discute et où on passe du temps ensemble. Les jeunes jouent à des jeux vidéo en ligne, échangent sur les réseaux sociaux et s'envoient des vidéos, comme Raphaël tout à l'heure. Ils organisent même des fêtes en ligne.

■ Et ça marche ?

▲ Oui, bien sûr ! Il y a une application qui permet de faire des appels visio à plusieurs personnes.

■ Ça doit être le chaos ! On ne comprend probablement absolument rien. Moi, quand j'avais 16 ans, on téléphonait seulement quand c'était nécessaire et on ne parlait jamais longtemps parce que ça coutait cher. Il fallait sortir de la maison pour se rencontrer et on se parlait en personne. D'après moi, si les jeunes d'aujourd'hui font des appels visio, c'est parce qu'ils ne sont plus capables de communiquer normalement.

▲ Désolée de te contredire, maman, mais je ne suis pas du tout de ton avis. La nouvelle génération est beaucoup plus ouverte d'esprit que celles d'avant et les jeunes s'expriment plus librement. Moi, à l'âge de Raphaël, j'étais beaucoup plus réservée et même renfermée.

■ Je ne suis pas sûre de ça. Dans mon temps, les jeunes étaient plus engagés. Ils organisaient des manifestations, par exemple. À l'époque, j'étais toujours au premier rang quand il y avait une manif' ou une grève. Moi, je trouve que les jeunes d'aujourd'hui n'ont plus aucunes valeurs. Ils sont superficiels et ne s'intéressent qu'aux derniers gadgets à la mode.

▲ Alors là, je ne suis pas du tout d'accord. C'est tout le contraire ! Raphaël et ses amis sont plein d'idéaux et s'engagent dans différents domaines. Ils sont pas du tout superficiels. Ils se soucient de l'environnement, par exemple, et luttent contre le changement climatique. Ils sont solidaires et ils partagent de belles valeurs.

■ Non, non. Vraiment. Tu ne me feras pas changer d'avis. Les jeunes ne sont plus ce qu'ils étaient...

▲ Oh, tu exagères ! Chaque génération se distingue de la précédente par ses comportements, ses modes, ses préoccupations. Et puis, l'ancienne génération se plaint toujours de la nouvelle. Mamie Germaine, par exemple, ne supportait pas ton style hippie à l'époque. Ou est-ce que je me trompe ?

■ Oui, c'est bon ! Et puis, ça n'a aucun rapport ! Allez viens, on appelle Raphaël maintenant. Le dessert est déjà servi.

1. La conversation a lieu ☒ au diner.
2. Julie et Catherine parlent ☒ des différences entre les jeunes d'hier et d'aujourd'hui.
3. Julie et Catherine ont ☒ des opinions différentes sur le sujet.

▶ 24 **1b Lösung**

J/C Avant, la famille se réunissait autour de la table pour discuter et passer du temps ensemble.

C Les nouvelles technologies détruisent les relations entre les gens.

C Les jeunes font des appels vidéo parce qu'ils ne sont plus capables de se parler en personne.

J Les jeunes d'aujourd'hui sont plus ouverts d'esprit.

C Autrefois, les jeunes s'engageaient davantage. Aujourd'hui, ils n'ont plus aucunes valeurs.

J Les jeunes d'aujourd'hui protègent l'environnement et font preuve de solidarité.

▶ 24 1c / 1d Lösung

1. die eigene Meinung äußern: À mon avis… – D'après moi,… – Moi, je trouve que… – Je pense que… – Moi, je crois que…
2. Zustimmung ausdrücken: Ça, c'est bien vrai. – Je suis tout à fait de ton avis. – Tu as raison. – Je suis d'accord avec toi.
3. Uneinigkeit signalisieren: Mais qu'est-ce que tu racontes ? – Désolé/e de te contredire, mais je ne suis pas du tout de ton avis. – Alors là, je ne suis pas du tout d'accord. – C'est tout le contraire. – Tu ne me feras pas changer d'avis. – Tu exagères !
4. Zweifel und Unsicherheit äußern: Je ne suis pas sûr/e de ça. – C'est possible, mais… – Ça dépend.

▶ 25 1e Lösung

1. ▲ À mon avis, les jeunes d'aujourd'hui n'ont pas une once de romantisme. Avant, on écrivait de longues lettres et on était émus quand on se regardait dans les yeux. L'amour, on prenait ça très au sérieux !

   ● Désolé/e de te contredire, mais je pense qu'aujourd'hui aussi, les jeunes sont romantiques. / Je ne suis pas du tout d'accord ! / N'exagère pas. Aujourd'hui aussi, les jeunes sont romantiques. Ils s'envoient des vidéos créatives, ils écrivent des chansons à leur copain / copine ou bien ils organisent des surprises à l'aide des réseaux sociaux.

2. ■ Les jeunes d'aujourd'hui ont un autre rapport aux technologies.

   ● Alors là, tu as raison. / Ça, c'est bien vrai. Les jeunes d'aujourd'hui sont des enfants du numérique. À quatre ans, les enfants jouent déjà sur la tablette de leurs parents et à huit ans, ils savent envoyer des messages.

3. ▲ Moi, j'enseigne dans un lycée depuis trente ans et je peux vous dire que les choses ont bien changé. Avant, les jeunes étaient attentifs et appliqués. Aujourd'hui, ils sont paresseux et ils n'ont aucune ambition. Ils n'apprennent pas leurs leçons et ils sont incapables de faire quoique ce soit sans Internet. Internet est devenu leur seule source d'informations.

   ● Je ne suis pas du tout d'accord. / Vous exagérez. / Désolé/e de vous contredire, mais je ne suis pas du tout de votre avis. Les jeunes d'aujourd'hui s'intéressent encore à l'école et à leur avenir. Ils se servent d'Internet pour trouver des informations rapidement, mais ils les remettent en question et ils vérifient leurs sources.

4. ■ Les relations parents-enfants ont bien changé, elles aussi. Avant, les jeunes respectaient leurs parents, qui représentaient une forme d'autorité. Aujourd'hui, les jeunes considèrent leurs parents comme des amis.

   ● Je ne suis pas sûr/e de ça. Aujourd'hui aussi, les enfants respectent leurs parents. Mais les parents d'aujourd'hui sont plus compréhensifs et ils tiennent compte des besoins et des rêves de leurs enfants.

D2 Pour moi, la famille, c'est...

▶ 26 **2a Eine Reporterin ist auf der Hochzeitsmesse in Rouen unterwegs. Hören Sie die Interviews. Schreiben Sie unter die Fotos, welche der drei Messegäste *(la femme, le premier homme, le deuxième homme)* die abgebildeten Konstellationen als Familie betrachten.**

A

B

C

▶ 26 **2b Hören Sie die beiden Interviews noch einmal und ergänzen Sie die Sätze mit der passenden Option.**

1. Le couple ☐ a l'intention ☐ n'a pas l'intention de se marier.
2. L'homme et la femme forment un couple depuis ☐ deux ans. ☐ dix ans.
3. L'homme et la femme ☐ vivent en concubinage. ☐ attendent d'être mariés pour vivre ensemble.
4. Le deuxième homme ☐ n'a jamais été marié. ☐ a déjà été marié.
5. Le deuxième homme s'est pacsé ☐ il y a six mois ☐ il y a deux ans avec son compagnon.

▶ 26 **2c Hören Sie die Interviews noch einmal: Wer drückt welche Meinung aus?**

Il/Elle pense/dit que/qu'...	**la femme**	**le 1er homme**	**le 2e homme**
1. il/elle veut avoir des enfants.	☐	☐	☐
2. deux personnes suffisent pour fonder une famille.	☐	☐	☐
3. il n'existe pas de modèle de famille idéal.	☐	☐	☐
4. ceux qui préfèrent le pacs ont peur de s'engager.	☐	☐	☐
5. le concubinage ne protège pas assez les enfants.	☐	☐	☐
6. le mariage pour tous constitue un progrès.	☐	☐	☐

▶ 27 **2d Sie werden nun nach der Meinung der folgenden Personen zu verschiedenen Familienmodellen gefragt. Antworten Sie wie im Beispiel mithilfe der Angaben und verwenden Sie den *subjonctif présent*.**

Beispiel:

Marie-Ève

Alle haben die gleichen Rechte.
Der Staat schützt die Rechte der Bürger.

(trouver important)
(être nécessaire)

■ Que pense **Marie-Ève** du mariage pour tous ?

● Marie-Ève trouve important que tout le monde ait les mêmes droits. Il est nécessaire que l'état protège les droits des citoyens.

Marcel

Es gibt unterschiedliche Familientypen.
Die traditionnelle Familie verschwindet.

(trouver normal)
(douter)

Guy et Madeleine

Die Ehe schützt ein Paar besser als ein „pacs".

(trouver évident)

Thérèse

Viele Menschen möchten nicht mehr heiraten und gehen lieber eine eingetragene Partnerschaft ein *(= se pacser)*.

(trouver bizarre)

Hugo

Manche Menschen haben Vorurteile gegen Einelternfamilien.
Die Leute sind offener für *(= envers)* neue Familienmodelle.

(trouver surprenant)
(souhaiter)

D2 Pour moi, la famille, c'est...

▶ 26 2a Text / Lösung

■ Nous voici au parc des expositions de Rouen où a lieu ce weekend un des plus beaux salons du mariage de France et où nous faisons un micro-trottoir sur la famille d'aujourd'hui. Bonjour madame, bonjour monsieur. Je peux vous poser quelques questions ?

● Oui, bien sûr. Je vous en prie.

■ Je fais une enquête sur la famille actuelle et j'aimerais savoir ce que la famille représente pour vous.

● Alors, pour moi, la famille, c'est un papa, une maman et des enfants. Tout simplement.

■ Alors, un couple sans enfants, ce ne serait pas une famille pour vous ?

● Eh bien... Quand je pense à mon fiancé et moi, par exemple, je ne nous vois pas comme une famille, mais plutôt comme un couple. Vous savez, nous avons l'intention de nous marier en septembre et après, eh bien justement, de fonder une famille.

▲ Oui. Ça fait déjà deux ans qu'on vit ensemble et on trouve normal de faire le pas après quelques années de vie commune.

■ Alors, félicitations ! Et vous ? Quelle est votre opinion sur le sujet ?

▲ Bien, pour moi aussi, dans une famille, il y a des enfants. Et je trouve indispensable que les parents soient mariés, donc qu'ils s'engagent pour la vie. Pour moi, le mariage, c'est un des piliers de la société. Les partenaires acceptent les devoirs qui viennent avec le mariage. Ils se doivent respect et fidélité et ont l'obligation de s'entraider, se soutenir l'un l'autre.

■ Vous ne croyez pas que deux personnes puissent être solidaires et s'engager l'un envers l'autre sans être mariées ? Que pensez-vous du pacte civil de solidarité, par exemple ?

▲ Bien, chacun ses gouts, mais personnellement, je trouve que le pacs, ce n'est pas sérieux. Dire oui et pouvoir se séparer le lendemain si on veut, ce n'est pas une vraie forme d'engagement. Le sens du mariage, c'est justement de donner sa parole d'aimer l'autre pour le meilleur et pour le pire, donc quand ça va bien, mais aussi quand ça va mal. Le pacs, c'est pour les gens qui ont peur de s'engager.

● Oui, moi aussi, je pense ça. Et c'est la même chose pour le concubinage. À mon avis, vivre ensemble sans se marier, ça peut être une bonne idée au début d'une relation. On peut habiter ensemble pour voir comment ça se passe, mais après un certain temps, je trouve important que les partenaires s'engagent plus sérieusement. Dans une famille, on doit pouvoir compter l'un sur l'autre. Et puis, pour les enfants, c'est important de savoir que leurs parents ne se sépareront pas au moindre problème. Le mariage leur garantit une certaine sécurité.

■ Eh bien, merci d'avoir participé à notre micro-trottoir ! Et bonne visite ! [...]

■ Pardon Monsieur. Auriez-vous un instant pour répondre à quelques questions ?

◆ Oui, bien sûr.

■ Notre micro-trottoir porte sur la famille actuelle. Trouvez-vous que la famille s'est beaucoup transformée ces dernières années et que pensez-vous de cette évolution ?

◆ Eh bien… Oui, la famille a changé, mais ce n'est pas nouveau. Selon les époques et les contextes sociaux, la conception de la famille a évolué. Je ne crois pas que notre façon de voir la famille soit statique.

■ Alors, que représente la famille pour vous ?

◆ Pour moi, la famille, ce sont au moins deux personnes qui s'aiment. Alors ça peut être un homme et une femme, deux hommes, deux femmes, un parent et son enfant, etc… Le plus important, c'est qu'ils se définissent comme une famille, qu'ils soient là l'un pour l'autre, qu'ils soient prêts à se soutenir mutuellement. Une famille peut donc être organisée de différentes manières : un couple marié et leurs enfants, deux personnes pacsées ou qui vivent simplement ensemble, une famille monoparentale ou recomposée. Pour moi, ce sont là différentes formes de famille et je ne pense pas qu'il y en ait une qui soit meilleure que les autres. L'important, c'est d'être heureux.

■ Et vous, est-ce que vous êtes marié ?

◆ Eh bien, j'ai déjà été marié à une femme, mais nous avons divorcé. Et il y a six mois, je me suis pacsé avec mon copain. Mais je suis ici pour des raisons professionnelles. Je suis wedding planner.

■ Ah, et avez-vous l'intention de vous marier un jour avec votre compagnon ?

◆ Non. Mon compagnon et moi en avions discuté à l'époque et nous avions préféré le pacs au mariage. Mais je trouve très important que tous les couples aient les mêmes droits. On doit avoir le choix de se marier ou non, indépendamment de son orientation sexuelle. Le mariage pour tous, c'est un pas dans la bonne direction, même s'il reste encore beaucoup à faire.

Foto A: *le deuxième homme*

Foto B: *la femme, le premier homme, le deuxième homme*

Foto C: *le deuxième homme*

▶ 26 **2b Lösung**

1. Le couple ☒ a l'intention de se marier.
2. L'homme et la femme forment un couple depuis ☒ deux ans.
3. L'homme et la femme ☒ vivent en concubinage.
4. Le deuxième homme ☒ a déjà été marié.
5. Le deuxième homme s'est pacsé ☒ il y a six mois avec son compagnon.

▶ 26 **2c Lösung**

Il/Elle pense/dit que/qu'…	la femme	le 1er homme	le 2e homme
1. il/elle veut avoir des enfants.	☒	☒	☐
2. deux personnes suffisent pour fonder une famille.	☐	☐	☒
3. il n'existe pas de modèle de famille idéal.	☐	☐	☒
4. ceux qui préfèrent les pacs ont peur de s'engager.	☒	☒	☐
5. le concubinage ne protège pas assez les enfants.	☒	☐	☐
6. le mariage pour tous constitue un progrès.	☐	☐	☒

▶ 27 **2d Text / Lösung**

▲ Que pense **Marcel** de l'évolution de la famille en France ?

● *Marcel trouve normal qu'il y ait différents types de famille. Il doute que la famille traditionnelle disparaisse.*

■ Que pensent **Guy et Madeleine** de la protection que le mariage donne à un couple ?

● *Guy et Madeleine trouvent évident que le mariage protège mieux un couple qu'un pacs.*

▲ Que pense **Thérèse** du pacte civil de solidarité ?

● *Thérèse trouve bizarre que beaucoup de gens ne veuillent plus se marier et préfèrent se pacser.*

■ Que pense **Hugo** des préjugés envers les familles monoparentales ?

● *Hugo trouve surprenant que certaines personnes aient des préjugés contre les familles monoparentales. Il souhaite que les gens soient plus ouverts envers les nouveaux modèles de famille.*

D3 Ils ont d'autres priorités

▶ 28 **3a Sie hören eine Radiosendung: Welche Themen werden behandelt?**

Dans l'émission de radio, on parle
- ☐ des milléniaux et de leurs valeurs.
- ☐ des différences entre les générations X, Y et Z.
- ☐ des problèmes auxquels les milléniaux font face.

▶ 28 **3b Hören Sie die Radiosendung erneut und wählen Sie die Fotos aus, die zur Generation Y, den Millennials, passen.**

☐ sont ultra-connectés

☐ sont ambitieux et désirent faire carrière

☐ veulent avoir une famille

☐ aiment voyager et veulent faire de nouvelles expériences

▶ 28 **3c Hören Sie noch einmal und entscheiden Sie: richtig oder falsch?**

	vrai	faux
1. Les milléniaux représentent la génération née après l'an 2000.	☐	☐
2. Cette génération a grandi avec Internet et les nouveaux médias.	☐	☐
3. Les milléniaux trouvent facilement du travail.	☐	☐
4. Les milléniaux sont souvent obligés de vivre chez leurs parents.	☐	☐
5. La culture d'entreprise est très importante pour la génération Y.	☐	☐
6. Les milléniaux partagent les valeurs de leurs parents.	☐	☐

▶ 28 **3d Bringen Sie die Aussagen der Soziologin in Ordnung. Hören Sie das Interview anschließend zur Kontrolle.**

1. Ils préfèrent que...
2. Ils trouvent important qu'...
3. Je ne crois pas qu'...
4. Il faut absolument que...
5. Lorsqu'ils commencent à travailler dans une entreprise, ils veulent que...

a. ils soient paresseux.
b. leur entreprise ait une bonne réputation qu'avoir un contrat à durée indéterminée.
c. le style de management change d'ici quelques années.
d. leur employeur leur propose des tâches intéressantes.
e. on leur donne la possibilité de se développer sur le plan personnel.

▶ 29 **3e Sie unterhalten sich jetzt mit einem französischen Bekannten über Ihre Erfahrung mit den Millennials. Reagieren Sie auf die Aussagen Ihres Gesprächspartners mithilfe der folgenden Angaben. Achten Sie auf die Verwendung des *subjonctif présent*, wenn Sie Wünsche oder Gefühle wie Zweifel oder Überraschung äußern.**

Beispiel:

■ Dans mon entreprise, il y a de plus en plus de jeunes de la génération Y. C'est un peu difficile de travailler avec eux. Ils refusent l'autorité et ne respectent pas la hiérarchie.

● *C'est normal. Pour les milléniaux, il est absurde de suivre des ordres simplement parce qu'ils viennent du patron. Ils donnent leur opinion et veulent qu'on les écoute.*

0. Sie sagen, dass das normal ist. Für die Millenials ist es absurd, Anweisungen zu folgen, nur weil sie vom Chef kommen. Sie sagen ihre Meinung und wollen, dass man ihnen zuhört.
1. Sie sagen, dass die Millennials es logisch finden, dass man schnelle Kommunikationsformen wählt. Sie haben es lieber, dass man mit ihnen via Mail oder Textnachrichten *(= message instantané)* kommuniziert.
2. Sie stimmen zu und sagen, dass die Generation Y flexible Arbeitszeiten *(= les horaires flexibles)* bevorzugt und dass die Millenials daran zweifeln, dass feste Arbeitszeiten *(= les horaires fixes)* effizient *(= efficaces)* seien.
3. Sie sagen, dass Sie nicht glauben, dass sie faul sind. Sie sind neugierig und wollen Urlaub, um neue Erfahrungen zu machen. Es ist notwendig, dass die Arbeitgeber ihnen mehr Herausforderungen *(= des défis)* geben und die Möglichkeit, neue Dinge zu lernen.

D3 Ils ont d'autres priorités

▶ 28 **3a Text / Lösung**

■ Ils ne cherchent pas à faire carrière, préfèrent la cohabitation au mariage, étudient pendant des années et voyagent énormément… Voilà un portrait sommaire des milléniaux. Mais qui sont-ils vraiment et qu'est-ce qui les distingue des générations X et Z ? Pour en parler, nous avons invité Janine Gauvin, sociologue et auteure de l'ouvrage « Les mille visages des milléniaux ». Bonjour Madame Gauvin.

● Bonjour. Oui, alors c'est vrai que les termes peuvent prêter à confusion. On désigne par « milléniaux » les personnes nées entre 1980 et 2000. Il s'agit donc de la génération née après la génération X et avant la génération Z et cela explique pourquoi on l'appelle parfois la génération Y.

■ Et qu'est-ce qui caractérise ces jeunes et ces moins jeunes nés juste avant le tournant du 21e siècle ?

● Bien, la génération Y est la première à avoir grandi avec Internet et les nouvelles technologies. Les milléniaux sont donc ultra-connectés, ils sont parmi les plus actifs sur les réseaux sociaux et ils sont très à l'aise avec le numérique. On peut même dire qu'ils se définissent par leur rapport à la technologie.

■ Mais ce sont aussi les enfants de la mondialisation, non ?

● Tout à fait. Contrairement aux générations précédentes, les milléniaux ont la possibilité de voyager et de se déplacer très facilement. Ils sont tolérants, ouverts et curieux. Ils veulent découvrir d'autres cultures et faire de nouvelles expériences.

■ D'après le portrait que vous en faites, ils ont tout pour être heureux. Ils ont l'occasion de voyager, ils maitrisent tout naturellement les nouvelles technologies…

● Oui, mais ils ont d'autres problèmes que les générations précédentes n'avaient pas. Les milléniaux sont, entre autres, les enfants d'une grave crise économique, celle qui a commencé en 2007. Ces jeunes gens ont donc du mal à trouver un emploi. Ils doivent souvent accepter de faire des stages non rémunérés, dans l'espoir d'obtenir un emploi par la suite. Plusieurs doivent continuer à vivre chez leurs parents une fois adulte parce qu'ils n'ont pas de salaire leur permettant de payer un loyer.

■ Mais le travail n'est pas non plus une de leurs priorités. D'après un sondage récent, une bonne partie des milléniaux sont prêts à quitter leur travail s'ils s'ennuient, par exemple.

● C'est vrai qu'ils ne font pas de compromis là-dessus. Ce ne sont pas les salaires élevés ou les titres qui les intéressent. Ils préfèrent que leur entreprise ait une bonne réputation qu'avoir un contrat à durée indéterminée.

■ Oui, dans votre livre, vous affirmez que les priorités des milléniaux ne correspondent pas à celles des générations précédentes. Pourriez-vous préciser ce point ?

● Alors concrètement, ça veut dire que les milléniaux ne mesurent pas leur succès selon les mêmes critères que leurs parents. Se marier ou faire carrière, par exemple, ce ne sont pas des priorités pour eux. Ils veulent d'abord et avant tout être heureux dans ce qu'ils font. Ils trouvent important qu'on leur donne la possibilité de se développer sur le plan personnel.

■ Est-ce qu'on peut dire qu'ils sont un peu paresseux ou qu'ils manquent d'ambition ?

● Non, je ne crois pas qu'ils soient paresseux, mais plutôt qu'ils recherchent un équilibre entre vie privée et vie professionnelle. Ils ne sont pas prêts à accepter n'importe quel travail. Et cela aura d'ailleurs sûrement des conséquences sur la culture d'entreprise. Je crois qu'à l'avenir, les employeurs seront obligés de développer des stratégies pour garder leur personnel. Après tout, dans quelques années, les milléniaux constitueront la majeure partie des actifs sur le marché du travail.

■ Et quels avantages les entreprises devront-elles offrir pour garder leurs employés ?

● Eh bien, ils pourraient permettre à leurs employés de faire du télétravail ou de prendre un congé sabbatique, par exemple. Et puis, il faut absolument que le style de management change d'ici quelques années. Plus question de donner des ordres pour donner des ordres. Les milléniaux veulent comprendre pourquoi ils font un travail et être convaincus de la nécessité d'une tâche. Lorsqu'ils commencent à travailler dans une entreprise, ils veulent que leur employeur leur propose des projets intéressants, qu'on leur donne la possibilité d'évoluer et de progresser.

■ Madame Gauvin, merci pour ces analyses. Notre émission s'achève et nous vous remercions d'avoir été des nôtres cet après-midi. Chers auditeurs, la prochaine heure est réservée à vos questions et commentaires. N'hésitez pas à nous...

Dans l'émission de radio, on parle ☒ des milléniaux et de leurs valeurs.
☒ des problèmes auxquels les milléniaux font face.

▶ 28 3b Lösung

☒ sont ultra-connectés ☒ aiment voyager et veulent faire de nouvelles expériences

▶ 28 3c Lösung

	vrai	faux
1. Les milléniaux représentent la génération née après l'an 2000.	☐	☒
Les milléniaux sont nés entre 1980 et l'an 2000.		
2. Cette génération a grandi avec Internet et les nouveaux médias.	☒	☐
3. Les milléniaux trouvent facilement du travail.	☐	☒
Les milléniaux ont du mal à trouver du travail à cause de la crise économique et d'un marché de l'emploi tendu.		
4. Les milléniaux sont souvent obligés de vivre chez leurs parents.	☒	☐
5. La culture d'entreprise est très importante pour la génération Y.	☒	☐
6. Les milléniaux partagent les valeurs de leurs parents.	☐	☒
Ils ne partagent pas les valeurs de leurs parents.		

D

▶ 28 **3d Lösung**

1. Ils préfèrent que... — b. leur entreprise ait une bonne réputation qu'avoir un contrat à durée indéterminée.
2. Ils trouvent important qu'... — e. on leur donne la possibilité de se développer sur le plan personnel.
3. Je ne crois pas qu'... — a. ils soient paresseux.
4. Il faut absolument que... — c. le style de management change d'ici quelques années.
5. Lorsqu'ils commencent à travailler dans une entreprise, ils veulent que... — d. leur employeur leur propose des tâches intéressantes.

▶ 29 **3e Lösung**

1. ■ La communication est difficile aussi. Moi, quand j'ai un problème, je veux parler à mes collègues, mais eux, ils envoient un mail et ils croient que tout est réglé.

   ● *Oui, les milléniaux trouvent logique qu'on choisisse des formes de communication rapide. Ils préfèrent qu'on communique avec eux par mail ou par message instantané.*

2. ■ Et puis, je trouve qu'ils manquent de discipline. Moi, je suis toujours au bureau à 7h30. Eux, ils arrivent souvent beaucoup plus tard.

   ● *C'est vrai. La génération Y préfère les horaires flexibles. Les milléniaux doutent que les horaires fixes soient efficaces.*

3. ■ Et puis, moi, je les trouve paresseux. Ils s'ennuient vite et ils veulent toujours avoir des vacances.

   ● *Je ne crois pas qu'ils soient paresseux. Ils sont curieux et ils veulent des vacances pour faire de nouvelles expériences. Il est nécessaire que les employeurs leur donnent plus de défis et la possibilité d'apprendre de nouvelles choses.*

E Il faut que ça change

E1 On ne peut pas continuer comme ça !

▶ 30 **1a Sie sind auf einer regionalen Konferenz zum Thema „développement durable“. Hören Sie den Vortrag und entscheiden Sie, ob Bérengère Martin eine Lösung für das Problem rund um das Thema Müll vorstellt.**

Bérengère Martin

☐ propose une solution

☐ ne propose pas de solution

au problème des déchets.

▶ 30 **1b Hören Sie den Vortrag noch einmal: Welche Aussagen sind richtig und welche falsch?**

	vrai	faux
1. En France, la production annuelle de déchets par habitant s'élève à 580 kg.	☐	☐
2. Environ 1/3 des déchets sont incinérés et 1/3 sont enterrés dans des déchetteries.	☐	☐
3. Les déchets plastique ne posent aucun problème parce qu'ils sont recyclés.	☐	☐
4. En 2020, le Sénat a adopté une loi pour éviter le gaspillage.	☐	☐
5. Le mouvement *Zéro Waste* propose dix règles à suivre pour éviter les déchets.	☐	☐

▶ 31 **1c Hören Sie den zweiten Teil des Vortrags von Bérengère Martin: Worum geht es?**

Bérengère Martin présente

☐ l'histoire du mouvement *Zero Waste*.

☐ les problèmes liés à l'approche zéro déchet.

☐ les règles de *Zero Waste*.

☐ des conseils pratiques pour un mode de vie zéro déchet.

E

▶ 31 **1d Hören Sie den zweiten Teil des Vortrags noch einmal und ordnen Sie den Bildern die fünf Regeln zu. Bringen Sie die Regeln anschließend in die richtige Reihenfolge.**

recycler • rendre à la terre • ~~refuser~~ • réutiliser • réduire

☐ ______

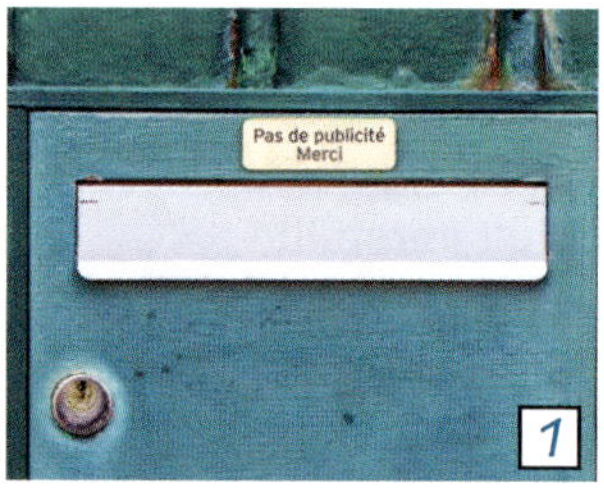

[1] refuser

☐ ______

☐ ______

☐ ______

▶ 31 **1e Zu welchen Regeln bzw. Bildern passen die folgenden Definitionen?**

- ☐ réparer des objets brisés ou endommagés
- ☐ tranformer les déchets organiques en compost
- [1] ne pas accepter des choses dont on n'a pas besoin
- ☐ transformer les déchets en matières premières pour les réintégrer à un cycle de production
- ☐ remplacer les produits à usage unique par des produits qu'on peut utiliser plusieurs fois
- ☐ acheter moins de choses

▶ 31 **1f Hören Sie den zweiten Teil des Vortrags noch einmal: Welche Aussagen sind richtig und welche falsch?**

	vrai	faux
1. *Zero Waste* nous encourage à réduire nos déchets, mais pas nécessairement notre consommation.	☐	☐
2. Les cinq règles peuvent être appliquées dans n'importe quel ordre.	☐	☐

3. Seulement une minorité de Français compostent leurs déchets organiques. ☐ ☐
4. La règle des cinq R peut être appliquée seulement par des individus. ☐ ☐
5. Le surcyclage est l'action de transformer un objet pour lui donner une nouvelle fonction et donc une nouvelle vie. ☐ ☐

▶ 32 **1g Am Ende der Konferenz unterhalten Sie sich mit weiteren Anwesenden über Bérengère Martins Vortrag. Übernehmen Sie die Rolle ● und beantworten Sie die Fragen Ihrer Gesprächspartner mithilfe der Angaben.**

Beispiel: Ihre Meinung: *Zero Waste* ist eine ausgezeichnete Art, die Verschwendung zu bekämpfen und seinen Müll zu reduzieren.

■ J'ai trouvé la présentation de Mme Martin très intéressante. Et vous ? Que pensez-vous de la démarche *Zero Waste* ?

● *Je pense que Zero Waste est une excellente façon de lutter contre le gaspillage et de réduire ses déchets.*

1. Sie stimmen zu: Es ist zum Beispiel nicht immer möglich, Gegenstände zu reparieren. Immer noch *(= encore)* zu viele Geräte werden weggeworfen, weil die Reparatur mehr kostet als der Kauf eines neuen Geräts.
2. Sie finden die Regel „Ablehnen" ebenfalls *(= Moi aussi, je...)* schwer zu befolgen *(= difficile à suivre)*. Wenn Sie auf eine Messe *(= un salon)* gehen, bringen Sie immer nutzlose Gegenstände mit nach Hause *(= rapporter)*, die Sie später in den Müll werfen.
3. Sie sagen, dass Sie ebenfalls immer eine Tasche mit sich nehmen, wenn Sie zum Supermarkt gehen und dass Sie seit Langem keine Wegwerfteller *(= des assiettes jetables)* benutzen. Sogar wenn Sie ein Picknick machen, bringen Sie wiederverwendbare *(= réutilisables)* Teller und Sie haben immer eine Trinkflasche *(= une gourde)* dabei.
4. Sie erklären, dass in Frankreich leider wenig Getränke in Pfandflaschen *(= des bouteilles consignées)* verkauft werden. Sie meinen, dass die Dinge sich ändern müssen.

E1 On ne peut pas continuer comme ça !

▶ 30 **1a Text / Lösung**

Avec la lutte contre le réchauffement climatique, la gestion des déchets constitue un des défis environnementaux les plus importants de notre époque. En effet, chaque Français produit en moyenne 580 kg de déchets par an. C'est énorme ! Surtout si on prend en considération que la majeure partie de ces déchets n'est pas recyclée. 30 % sont détruits dans des usines d'incinération des ordures et 36 % se retrouvent enterrés dans des décharges. Ces déchets enterrés ou brûlés sont non seulement des ressources perdues à jamais, mais causent aussi des dommages importants à l'environnement.

Les déchets plastique, par exemple, constituent un grave problème, car ce matériau est aujourd'hui partout et met des centaines d'années avant de se décomposer. En théorie, le plastique peut être recyclé, mais en pratique, il finit la plupart du temps dans la nature ou dans l'océan où il se décompose en microparticules et pollue l'environnement.

Afin de remédier au problème des déchets, une nouvelle loi a été adoptée en janvier 2020 par le Sénat français : *la loi anti-gaspillage pour une économie circulaire*. Cette loi interdit, par exemple, la vente de certains plastiques à usage unique et obligera, d'ici 2040, tous les commerces à réutiliser, recycler ou transformer les produits qui n'ont pas été vendus. Des milliers de tonnes de déchets seront ainsi évitées dans les commerces et les entreprises.

Mais que pouvons-nous faire à l'échelle individuelle pour limiter nos déchets et éviter le gaspillage ? À ce sujet, une démarche s'est révélée très efficace. Il s'agit de l'approche *Zero Waste* ou zéro déchet en français. Ce mouvement a été fondé il y a déjà plus de vingt-cinq ans afin d'attirer l'attention sur le problème de la gestion des déchets et d'y proposer quelques solutions. L'approche fait la promotion de différents moyens d'éviter le gaspillage et les déchets en adoptant de bonnes habitudes de consommation. Ainsi, *Zero Waste* a développé une méthode qui se résume en cinq mots-clés commençant par la lettre R et donc faciles à retenir. Il s'agit de la règle des cinq R, un mini guide en cinq étapes afin de réduire ses déchets ou encore mieux, ne pas en produire du tout.

Bérengère Martin ☒ propose une solution au problème des déchets.

▶ 30 **1b Lösung**

	vrai	faux
1. En France, la production annuelle de déchets par habitant s'élève à 580 kg.	☒	☐
2. Environ 1/3 des déchets sont incinérés et 1/3 sont enterrés dans des déchetteries.	☒	☐
3. Les déchets plastique ne posent aucun problème parce qu'ils sont recyclés.	☐	☒

La majorité des déchets plastique finit dans la nature ou dans l'océan.

4. En 2020, le Sénat a adopté une loi pour éviter le gaspillage. ☒ ☐

5. Le mouvement *Zéro Waste* propose dix règles à suivre pour éviter les déchets. ☐ ☒

   Le mouvement propose cinq règles.

▶ 31 **1c Text / Lösung**

Alors, quelles sont ces cinq règles qui nous permettent d'adopter un mode de vie zéro déchet ? Commençons par le premier « R ». « R » comme *refuser*, donc dire « non » à tout ce dont nous n'avons pas besoin, le meilleur déchet étant celui qui n'a pas été produit. On peut, par exemple, mettre un autocollant « stop pub » sur sa boite aux lettres afin d'éviter les publicités et les brochures qu'on ne veut pas. Refuser, ça signifie aussi refuser les cadeaux d'entreprises ou certains produits publicitaires. D'ailleurs, pourquoi accepter des trucs gratuits quand on sait qu'ils finiront à la poubelle quelques semaines plus tard ?

Comme on ne peut pas tout refuser, la prochaine étape, le second « R », sera de *réduire* sa consommation. Il s'agira donc, entre autres, de réfléchir avant d'acheter quelque chose ; de se demander si cet achat est vraiment nécessaire. Souvent, ce sont des stratégies marketing qui nous poussent à désirer et à acheter un produit. Mais a-t-on vraiment besoin d'un nouveau sac à dos alors que l'ancien est encore en bon état ? Est-il vraiment nécessaire d'acheter un autre t-shirt bon marché qui ne sera plus à la mode dans quelques mois et qui sera usé après quelques lavages ? Réduire signifie acheter moins de choses et acheter des objets de qualité que nous garderons longtemps et qui servirons régulièrement.

Venons-en maintenant à une autre règle fondamentale : *réutiliser*, c'est-à-dire refuser les produits à usage unique et privilégier les alternatives réutilisables comme faire ses courses avec un cabas ou utiliser des mouchoirs qui pourront être lavés. Réutiliser, ça veut aussi dire développer des stratégies pour utiliser un produit à son maximum. On peut, par exemple, partager des outils avec ses voisins ou bien échanger des vêtements. Une autre façon de réutiliser serait de réparer des objets brisés ou, si ce n'est pas possible, de leur donner une seconde vie en en faisant un autre usage. C'est ce qu'on nomme l'upcycling ou le surcyclage. On peut, par exemple, faire d'une bouteille en plastique un joli vase ou bien d'un jean déchiré, un sac. Il existe d'ailleurs de nombreux tutoriels en ligne dans lesquels on explique comment transformer un objet afin de lui donner une nouvelle fonction.

Et si ce n'est pas possible de réutiliser un produit, eh bien il faudra au moins tenter de récupérer ses matières premières en les *recyclant*. Le recyclage fait aujourd'hui partie de notre quotidien. Tout le monde trie ses déchets et il existe déjà un système de poubelles afin que ces ressources puissent être réintégrées au cycle de production. Le métal, le papier ou le verre, par exemple, se recyclent facilement. Malheureusement, encore trop d'objets ne peuvent pas être recyclés parce qu'ils sont fabriqués de différents matériaux qu'il n'est pas possible de séparer.

Finalement, la dernière règle, le cinquième « R », c'est de « *rendre* à la terre » c'est-à-dire de composter ses déchets organiques. En ce moment, seulement 4 millions de Français ont une poubelle réservée aux biodéchets. Il faudrait donc que plus de villes offrent ce service à leurs résidents. En attendant, si vous avez un jardin, vous pouvez très facilement y installer un compost et utiliser la terre produite pour vos fleurs et vos légumes.

Refuser, réduire, réutiliser, recycler et rendre à la terre sont cinq techniques simples que tout le monde peut intégrer à son quotidien. Il est toutefois important de les appliquer dans cet ordre pour s'approcher de l'idéal du zéro déchet. Il faut donc d'abord limiter sa consommation avant de penser aux solutions comme le recyclage et le compostage.

Pour terminer, ajoutons que l'approche *Zero Waste* s'est révélée efficace non seulement à l'échelle individuelle, mais aussi à l'échelle municipale. En effet, plusieurs communes ont déjà commencé à appliquer la règle des cinq R. La municipalité de Roubaix en région Hauts-de-France, par exemple, fait partie d'une série de villes françaises qui ont relevé le défi zéro déchet. Une série d'initiatives a été proposée pour allonger le cycle de vie des produits. Des ateliers de réparation pour les meubles, les vêtements et les électroménagers ont été créés. La population a été sensibilisée aux enjeux de la gestion des déchets et s'est engagée dans divers projets. Alors, n'hésitez pas à rejoindre le mouvement *Zero Waste*. Parlez-en à votre famille, sur votre lieu de travail et, pourquoi pas, à votre conseiller municipal pour faire de votre ville une commune zéro déchet.

Bérengère Martin présente
- ☒ les règles de *Zero Waste*.
- ☒ des conseils pratiques pour un mode de vie zéro déchet.

▶ 31 **1d Lösung**

5 rendre à la terre; 1 refuser; 3 réutiliser; 2 réduire; 4 recycler

▶ 31 **1e Lösung**

[3] réparer des objets brisés ou endommagés (= réutiliser)

[5] transformer les déchets organiques en compost (= rendre à la terre)

[1] ne pas accepter des choses dont on n'a pas besoin (= refuser)

[4] transformer les déchets en matières premières pour les réintégrer à un cycle de production (= recycler)

[3] remplacer les produits à usage unique par des produits qu'on peut utiliser plusieurs fois (= réutiliser)

[2] acheter moins de choses (= réduire)

▶ 31 **1f Lösung**

	vrai	faux
1. *Zero Waste* nous encourage à réduire nos déchets, mais pas nécessairement notre consommation. Il est nécessaire de réduire sa consommation pour réduire ses déchets.	☐	☒
2. Les cinq règles peuvent être appliquées dans n'importe quel ordre. Il faut adopter ces règles dans l'ordre. Il faut d'abord penser à refuser, puis à réduire sa consommation, etc.	☐	☒
3. Seulement une minorité de Français compostent leurs déchets organiques.	☒	☐
4. La règle des cinq R peut être appliquée seulement par des individus. La règle des cinq R peut être mise en application à l'échelle municipale.	☐	☒
5. Le surcyclage est l'action de transformer un objet pour lui donner une nouvelle fonction et donc une nouvelle vie.	☒	☐

▶ 32 **1g Text / Lösung**

1. ▲ La règle des cinq « R » est sûrement une approche intéressante pour lutter contre les déchets, mais elle ne me semble pas facile à appliquer.

   ● Oui, c'est vrai. / Je suis d'accord avec vous. Ce n'est pas toujours possible de réparer des objets, par exemple. Encore trop d'appareils sont jetés parce que la réparation coute plus cher que l'achat d'un nouvel appareil.

2. ◆ Je crois que je ne fais pas assez pour l'environnement au quotidien. Je ne suis pas toujours la règle « refuser » et j'accepte souvent des cadeaux dont je n'ai pas besoin.

   ● Moi aussi, je trouve la règle « refuser » difficile à suivre. Lorsque je vais à un salon, je rapporte toujours des objets inutiles que je jette à la poubelle plus tard.

3. ■ Par contre, il y a d'autres règles que je suis tout naturellement. Je vais toujours faire les courses avec un cabas ou un panier, par exemple.

   ● Moi aussi, je prends toujours un sac avec moi quand je vais au supermarché et je n'utilise plus d'assiettes jetables depuis longtemps. Même quand je fais un piquenique, j'apporte des assiettes réutilisables et j'ai toujours une gourde avec moi.

4. ▲ Moi aussi, je devrais penser à utiliser une gourde, ou au moins, à acheter des boissons dans des bouteilles consignées.

   ● Malheureusement, peu de boissons sont vendues dans des bouteilles consignées en France. Les choses doivent changer. / Il faut que les choses changent.

E2 Vers un tourisme durable

▶ 33 **2a In der Radiosendung „La France et ses voisins" interviewt Dominique Poirier die Gründerin des Vereins *Écovoyages*, Stéphanie Collet. Welche Formen des Tourismus werden im Interview erwähnt?**

☐ le tourisme de masse

☐ le tourisme culturel

☐ le tourisme durable ou responsable

☐ l'écotourisme

☐ le tourisme gastronomique

☐ le tourisme équitable

▶ 33 **2b Hören Sie den ersten Teil des Interviews noch einmal und entscheiden Sie, welche Option jeweils passt.**

1. Le tourisme de masse s'est développé au ☐ 19e ☐ 20e siècle.
2. Pour Stéphanie Collet, le tourisme de masse ☐ a seulement des conséquences négatives. ☐ peut avoir des conséquences positives dans certaines régions.
3. Le tourisme équitable ☐ est ☐ n'est pas une forme de tourisme durable.
4. L'aspect ☐ environnemental ☐ socio-culturel est le plus important pour les voyageurs qui choisissent l'écotourisme.
5. Le tourisme équitable veut en premier lieu protéger ☐ la biodiversité. ☐ les intérêts des populations locales.

▶ 33 **2c Welche positiven und negativen Aspekte bringt der Massentourismus mit sich? Hören Sie erneut und notieren Sie in Stichpunkten.**

Aspects positifs : *la création d'emplois et* ______________________

____

Aspects négatifs : ______________________

____

▶ 34 **2d Im zweiten Teil des Interviews spricht Stéphanie Collet über die Verhaltensweisen eines verantwortungsbewusssten Touristen. Welche werden erwähnt?**

☐ manger des produits locaux

☐ ne pas gaspiller l'eau

☐ utiliser de la crème solaire bio

☐ choisir des moyens de transports écologiques

☐ choisir un logement géré par la population locale

☐ respecter le règlement des parcs naturels

▶ 34 **2e Hören Sie den zweiten Teil des Interviews erneut. Wie drücken Dominique Poirier und Stéphanie Collet Notwendigkeit, Verbot und Erlaubnis aus?**

Gebot: *Il faut* ______

Verbot: ______

Erlaubnis: ______

▶ 35 **2f Sie unterhalten sich nun mit einer Bekannten über nachhaltigen Tourismus. Übernehmen Sie die Rolle ● und antworten Sie mithilfe der folgenden Angaben.**

■ Pour devenir un touriste responsable, quelques petits gestes suffisent. Tu ne trouves pas ?

Sie sind einverstanden. Sie sagen, dass es oft die gleichen Gewohnheiten wie zu Hause sind, wie die öffentlichen Verkehrsmittel zu nehmen und Verschwendung zu vermeiden. Ihrer Meinung nach ist es notwendig, überall (= partout), *wohin man geht, auf die Umwelt zu achten.*

● *Oui, je suis d'accord avec toi.* ______

■ Oui, mais il faut aussi se renseigner. Dans certains parcs naturels, on doit respecter des règles particulières et ce n'est pas toujours facile de savoir ce qui est autorisé et ce qui ne l'est pas.

Sie stimmen zu und sagen, dass zum Beispiel viele Touristen nicht wissen, dass es in manchen Naturschutzgebieten (= les réserves naturelles) *verboten ist, Drohnen fliegen zu* lassen (= faire voler des drones), *um die Tiere nicht zu stören.*

● ______

■ Oui, ou bien qu'en général, il n'est pas permis de cueillir des fleurs ou des herbes.

Sie stimmen zu und fügen hinzu, dass es auf manchen französischen Stränden nicht erlaubt ist, Kieselsteine (= des galets), *Sand oder Muscheln zu sammeln* (= ramasser).

● ______

■ Ah bon ? Je ne savais pas.

E2 Vers un tourisme durable

▶ 33 2a Lösung / Text

■ Les voyages font rêver, nous permettent de découvrir de nouveaux pays et d'élargir nos horizons. Et même le Dalaï Lama nous le recommande : « Une fois par an, visitez un lieu où vous n'êtes jamais allé auparavant. » Toutefois, si les voyages font rêver les uns, ils peuvent devenir un problème pour ceux et celles qui doivent partager leurs espaces de vie avec les touristes, car beaucoup de gens ne se limitent pas à un seul voyage par an et tout le monde veut visiter les mêmes endroits. Le tourisme s'est énormément développé pendant les dernières décennies et est devenu un phénomène de masse, avec tous les problèmes que cela implique. Pour discuter du tourisme d'aujourd'hui, de ses défis et de ses solutions, nous avons invité Stéphanie Collet, guide touristique et fondatrice de l'association *Écovoyages*. Stéphanie Collet, bienvenue à notre émission.

● Bonjour monsieur Poirier.

■ Alors, d'abord, comment le tourisme de masse s'est-il développé ? Car les voyages n'ont pas toujours été accessibles à un si grand nombre de personnes.

● En effet, pendant très longtemps, les voyages étaient réservés à une élite d'intellectuels et de privilégiés. Ce n'est qu'au 20e siècle que le tourisme s'est démocratisé, entre autres, avec les congés payés et l'arrivée de la voiture personnelle. Puis, de nouvelles formules sont apparues : les clubs de vacances, les billets d'avion « dernière minute », les forfaits et les croisières. Avec le temps, le tourisme est devenu une véritable industrie.

■ Et cette industrie constitue un enjeu économique très important.

● Effectivement. Le tourisme représente 10 % du PIB mondial. Plus de 300 millions de personnes travaillent dans ce domaine et l'industrie du tourisme génère des milliards de dollars par année. Le tourisme de masse n'a donc pas que des aspects négatifs. Il crée des emplois et contribue à l'activité d'un grand nombre de secteurs : restauration et hébergement, bien sûr, mais aussi loisirs, culture, transport, etc. Et même si beaucoup d'infrastructures sont tout d'abord créées pour servir les touristes, la population locale en profite aussi. Le tourisme participe donc au développement de régions isolées ou peu connues.

■ Malheureusement, le tourisme n'a pas que de bons côtés. Quels sont les aspects les plus problématiques du tourisme de masse ?

● Eh bien, les problèmes surviennent lorsque le nombre de visiteurs ne cesse d'augmenter et que les endroits touristiques ne peuvent plus accueillir tous ces gens. On parle alors de surtourisme, c'est-à-dire qu'il y a surconsommation des ressources, surconsommation des besoins en énergie, en eau, en nourriture, en logements, etc. Et cela est particulièrement grave dans les régions où certaines ressources sont limitées. On pensera au remplissage des piscines dans les régions sèches, par exemple. Et qui dit surconsommation, dit pollution et production de déchets dans des pays où la gestion des déchets n'est malheureusement pas toujours la plus efficace. Mais le plus grave problème environnemental lié au tourisme, c'est la destruction des écosystèmes. Afin d'attirer des visiteurs ou de leur faciliter l'accès à des sites touristiques, on construit des installations qui détruisent ou perturbent des espaces naturels. On crée, par exemple, de nouveaux ports afin d'accueillir plus de bateaux, mais ces transformations ont pour effet de détruire la végétation sous-marine et de chasser les poissons et les animaux marins de leur habitat naturel. Le tourisme est donc indirectement responsable de la disparition de la biodiversité.

■ Et c'est pourquoi il est nécessaire que les touristes fassent preuve de responsabilité lorsqu'ils voyagent. D'ailleurs, différentes formes de tourisme se sont développées ces dernières années afin de faire face aux problèmes liés au surtourisme.

● Oui, tout à fait. On parle alors de tourisme durable ou responsable, un tourisme qui tente de minimiser l'impact des voyageurs sur l'environnement et sur le mode de vie des populations locales. Ce tourisme prend donc en considération des aspects environnementaux, sociaux et économiques. En fonction de l'aspect qui prédomine, on parlera d'écotourisme ou bien de tourisme équitable. L'écotourisme, par exemple, fait de la préservation de la nature, de la protection de la biodiversité et de la sauvegarde des ressources naturelles une priorité. Le tourisme équitable, lui, tente plutôt d'assurer le respect des modes de vies des populations locales et évidemment de partager équitablement les bénéfices issus du tourisme entre les habitants de la région et les agents touristiques.

☒ le tourisme de masse ☒ le tourisme durable ou responsable ☒ l'écotourisme
☒ le tourisme équitable

▶ 33 **2b Lösung**

1. Le tourisme de masse s'est développé au ☒ 20e siècle.
2. Pour Stéphanie Collet, le tourisme de masse ☒ peut avoir des conséquences positives dans certaines régions.
3. Le tourisme équitable ☒ est une forme de tourisme durable.
4. L'aspect ☒ environnemental est le plus important pour les voyageurs qui choisissent l'écotourisme.
5. Le tourisme équitable veut en premier lieu protéger ☒ les intérêts des populations locales.

▶ 33 **2c Lösung**

Aspects positifs : *la création d'emplois et d'infrastructures, le développement de régions isolées*

Aspects négatifs : *la surconsommation des ressources, la pollution et la production de déchets, la destruction des écosystèmes, la disparition de la biodiversité*

▶ 34 2d Text / Lösung

- ■ Alors, plus concrètement, que faire pour pratiquer un tourisme responsable ?
- ● Eh bien, il est d'abord important de choisir un moyen de transport qui ne pollue pas trop ; de privilégier le train plutôt que l'avion et le vélo plutôt que la voiture, par exemple.
- ■ On pourrait donc dire que le tourisme responsable commence avant le départ.
- ● Oui. Juste en faisant ses valises, on a un impact sur les régions où on voyage. Bien réfléchir à ce qu'on apporte peut faire toute la différence. Il est préférable de voyager léger et il faut, bien sûr, apporter des vêtements adaptés à la culture et à la météo du pays que vous allez visiter. Ça semble évident, et pourtant, il y a toujours des touristes qui oublient d'apporter de bonnes chaussures pour l'excursion prévue en montagne ou un vêtement pour se couvrir les épaules lorsqu'ils visitent une église ou un lieu sacré.
- ■ Et ces oublis ont des conséquences. On achète alors des choses qui sont souvent de mauvaise qualité parce qu'on ne veut pas payer trop cher et qui finissent oubliées dans un placard ou qu'on jette à la poubelle de retour à la maison.
- ● Exactement. Mais le tourisme durable passe aussi par les hébergements. Il est nécessaire de bien se renseigner avant de choisir un logement. Le mieux est d'habiter dans un établissement géré par la population locale ou même de choisir un hébergement chez l'habitant. On doit parfois renoncer à un peu de confort et s'adapter à un autre mode de vie, mais on fait de magnifiques rencontres. En se montrant ouvert aux coutumes et aux traditions locales sans les juger, on fait la connaissance de gens extraordinaires. C'est beaucoup plus enrichissant que de rester dans un village de vacances où vous ne rencontrerez que d'autres touristes.
- ■ Et on peut alors être certain que les bénéfices iront directement à la population locale et seront réinvestis sur place. Ça fait toute la différence.
- ● Oui. Mais peu importe le logement choisi, une fois sur place, il est indispensable d'adopter les mêmes gestes qu'à la maison pour économiser des ressources. Ça peut sembler banal, mais ne pas laisser l'eau couler quand on se brosse les dents, éteindre la lumière et la climatisation lorsqu'on quitte sa chambre, ce sont des gestes importants. Il y a des pays où l'électricité et l'eau sont des ressources particulièrement précieuses. On ne peut pas se permettre de les gaspiller.
- ■ Venons-en maintenant à un autre aspect problématique du tourisme : de plus en plus de gens veulent passer leurs vacances au calme, loin des foules et du chaos. Ils partent en montagne et cherchent des endroits isolés, loin de tout, dans une nature intacte.
- ● Il s'agit en effet d'une nouvelle tendance et si on choisit ce genre de destination, il est absolument nécessaire de respecter la nature et d'éviter de laisser des traces de son passage. Les écosystèmes sont très fragiles et c'est pourquoi les règles des parcs nationaux et des réserves naturelles doivent être respectées. Il est, par exemple, interdit de cueillir des fleurs ou de ramasser des champignons. On peut observer la nature, bien sûr, mais de loin. Il est permis d'observer les oiseaux et les

animaux en général, mais il ne faut pas s'en approcher afin d'éviter de les déranger ou de leur faire peur. On doit éviter de faire du bruit, être discrets et il ne faut surtout pas essayer de les caresser. D'ailleurs, il est souvent interdit de quitter les chemins de promenades. Il faut toujours rester sur les sentiers.

■ Et à quoi doit-on faire attention quand on fait un piquenique ou une halte ?

● Eh bien, les piqueniques sont autorisés dans la plupart des parcs naturels, mais seulement aux endroits réservés à cet effet. Donc, on ne peut pas s'installer n'importe où. Et il est impératif de laisser ces lieux propres en emportant ses déchets avec soi ou en les jetant à la poubelle.

■ Madame Collet, merci d'avoir été des nôtres.

☒ choisir des moyens de transports écologiques ☒ ne pas gaspiller l'eau ☒ choisir un logement géré par la population locale ☒ respecter le règlement des parcs naturels

▶ 34 2e Lösung

Gebot: *(il est préférable de) / il faut / il est nécessaire de / il est indispensable de / on doit absolument / il est impératif de*

Verbot: *on ne peut pas / il est interdit de / il ne faut pas / il n'est pas permis de*

Erlaubnis: *il est permis de / ...sont autorisés*

▶ 35 2f Text / Lösung

■ Pour devenir un touriste responsable, quelques petits gestes suffisent. Tu ne trouves pas ?

● *Oui, je suis d'accord avec toi. Et ce sont souvent les mêmes habitudes qu'à la maison, comme prendre les transports en commun et éviter le gaspillage. Selon moi, il est indispensable / nécessaire de respecter l'environnement partout où on va.*

■ Oui, mais il faut aussi se renseigner. Dans certains parcs naturels, on doit respecter des règles particulières et ce n'est pas toujours facile de savoir ce qui est autorisé et ce qui ne l'est pas.

● *C'est vrai. Par exemple, beaucoup de touristes ne savent pas qu'il est interdit de faire voler des drones dans certaines réserves naturelles pour ne pas déranger les animaux.*

■ Oui, ou bien qu'en général, il n'est pas permis de cueillir des fleurs ou des herbes.

● *C'est vrai. Et sur certaines plages françaises, il n'est pas permis de ramasser des galets, du sable ou des coquillages.*

■ Ah bon ? Je ne savais pas.

E3 Si la situation ne s'améliore pas…

▶ 36 **3a Noémie und Aurélien haben vor, am Wochenende in die Alpen zu fahren. Was ist Noémies Befürchtung?**

Noémie craint

☐ qu'il y ait des embouteillages.

☐ qu'il n'y ait pas de neige.

☐ que tous les hôtels soient complets.

▶ 36 **3b Hören Sie das Gespräch noch einmal: Wie ist Noémies und Auréliens Einstellung zum Thema Klimawandel?**

En ce qui concerne le changement climatique,

Aurélien est plutôt ☐ optimiste. ☐ pessimiste.

Noémie est plutôt ☐ optimiste. ☐ pessimiste.

▶ 36 **3c Hören Sie das Gespräch noch einmal und kreuzen Sie an.**

	vrai	faux
1. Noémie ne veut pas faire de ski dans une station qui utilise de la neige artificielle.	☐	☐
2. Quand Noémie était petite, elle pouvait faire du ski seulement pendant les vacances de Noël.	☐	☐
3. Aurélien fait confiance aux politiciens pour trouver une solution au réchauffement climatique.	☐	☐
4. Aurélien trouve qu'il en fait déjà assez pour l'environnement, par exemple en buvant de l'eau du robinet et en se déplaçant à vélo.	☐	☐
5. « Notre Futur » est un club de ski pour jeunes.	☐	☐

▶ 37 **3d Bedingungen: Verbinden Sie die linke mit der rechten Spalte zu sinnvollen Sätzen und hören Sie anschließend zur Kontrolle.**

1. Il ne me restera plus aucun plaisir
2. Si on ne fait rien contre les émissions de gaz à effet de serre,
3. On ira faire du ski dans une station un peu plus loin
4. Si le réchauffement climatique dépasse 2°C,
5. Si tu veux,

a. la température augmentera de plus de 1,5°C.
b. les glaciers vont fondre et le niveau de la mer va monter.
c. tu peux venir avec moi la prochaine fois.
d. s'il n'y a pas de neige au chalet.
e. si je ne peux plus faire de sports d'hiver.

▶ 38 **3e Sie werden nun aufgefordert, einige Befürchtungen zum Thema „Klimawandel" zu formulieren. Beantworten Sie die Fragen Ihres Gesprächspartners mithilfe der Angaben, wie im Beispiel.**

Beispiel:

0. Gletscher – schmelzen
→ Meeresspiegel – ansteigen

■ Que se passera-t-il si les glaciers fondent ?

● Si les glaciers fondent, le niveau de la mer montera.

1. Meeresspiegel – ansteigen
→ einige Küstenregionen *(= régions côtières)* – verschwinden / ihre Bevölkerungen *(= populations)* – emigrieren müssen
2. Temperatur – steigen
→ immer mehr Dürren *(= sécheresses)* – geben / Wasser – immer seltener werden
3. Einige Länder – nicht genug Trinkwasser für ihre Bewohner haben
→ Konflikte oder sogar Kriege – verursachen *(= provoquer)*
4. Globale Temperatur – weiter zunehmen
→ Ökosysteme – gestört werden *(= être perturbé)* / viele bedrohte Arten – verschwinden

E3 Si la situation ne s'améliore pas…

▶ 36 **3a Text / Lösung**

- ■ Alors Noémie, prête pour le weekend ? Je passe te chercher jeudi soir à 17h et on file au chalet.
- ● Espérons qu'il y aura de la neige. J'ai regardé la météo pour le weekend et ils annoncent 12°C. Ce serait vraiment dommage si on ne pouvait pas faire de ski.
- ■ Mais non, tu vas voir. L'année dernière aussi, on a eu peur qu'ils aient fermé les pistes et finalement, il y a eu une belle tempête de neige et on a passé un excellent weekend. C'est toujours comme ça au mois de mars.
- ● Ah non ! Désolée de te contredire, mais quand j'étais enfant, on pouvait faire du ski de novembre à avril au chalet. C'est le réchauffement climatique et si ça continue comme ça, on ne pourra faire du ski que pendant les vacances de Noël.
- ■ Tu exagères. Écoute, on ira faire du ski dans une station un peu plus loin s'il n'y a pas de neige au chalet. À Chamrousse, il y a toujours plusieurs pistes ouvertes.
- ● Oui, mais seulement parce qu'ils mettent de la neige artificielle et je ne veux pas encourager ça. Les canons à neige consomment énormément d'énergie et contribuent au réchauffement climatique. Non. Si on va au chalet, on fait du ski sur notre petite colline et si on ne peut pas en faire, on trouvera d'autres activités.
- ■ Oh, écoute l'écolo… C'est pas en boycottant les quelques canons à neige de la région qu'on va arrêter le réchauffement planétaire.
- ● Alors comment est-ce qu'on va réussir d'après toi ? Les experts sont unanimes là-dessus. Si on ne fait rien contre les émissions de gaz à effet de serre, la température augmentera de plus de 1,5°C et ça provoquera une réaction en chaine. Le nombre de phénomènes climatiques extrêmes augmentera. Il y aura encore plus d'ouragans et de tsunamis, de feux de forêt et de sécheresses. L'eau deviendra de plus en plus rare. Plusieurs écosystèmes seront menacés et certaines espèces disparaitront.
- ■ Ok. Ok. Le changement climatique est un problème qui nous concerne tous. D'accord. Mais je ne vois pas l'avenir de manière aussi négative que toi. Partout dans le monde, les énergies renouvelables se développent et de nouvelles technologies vertes apparaissent. Et puis, les pays les plus importants ont signé l'accord de Paris sur le climat dans lequel ils s'engagent à limiter le réchauffement climatique à 1,5°C. Moi, je fais confiance aux gouvernements et à la science pour régler le problème.
- ● Eh bien moi, je crains que tu te trompes. Les politiciens font bien des promesses, mais quand il s'agit de les tenir, là… Et puis, je ne suis pas certaine que les mesures décidées pendant la conférence de Paris suffisent à éviter la catastrophe. Si le réchauffement climatique dépasse 2°C, les glaciers vont fondre et le niveau de la mer va monter. Certains pays vont être inondés, ce qui causera des problèmes migratoires, sans parler de la disparition de certaines espèces côtières comme les récifs coralliens.

- ■ D'accord, mais qu'est-ce qu'il faut faire d'après toi pour remédier à la situation ?
- ● Eh bien, je crois qu'il ne faut pas seulement compter sur les politiciens pour que les choses changent. Tout le monde doit s'y mettre.
- ■ J'ai l'impression d'en faire déjà assez comme ça : je bois l'eau du robinet, je trie mes déchets, je vais au travail à vélo et j'évite de voyager en avion. Il ne me restera plus aucun plaisir si je ne peux plus faire de sports d'hiver.
- ● Mais personne te demande d'arrêter de faire du ski ! Il faut seulement que tu sois prêt à le pratiquer en respectant la nature.
- ■ Et moi, je trouve que c'est d'abord aux multinationales et aux gouvernements de trouver des solutions au réchauffement climatique. Tant que certains pays continuent de produire des tonnes et des tonnes de CO2 avec des énergies polluantes sans se poser de question, je ne veux pas me priver de quoi que ce soit.
- ● Tu sais, je pensais comme toi avant, mais depuis que je suis dans l'association « Notre Futur », je crois que la protection de l'environnement, ça commence par nous.
- ■ « Notre Futur » ? Qu'est-ce que c'est ?
- ● Alors, c'est une association qui s'engage pour la protection de l'environnement. Ils organisent des évènements, comme des conférences ou des tables rondes, pour informer sur les problèmes climatiques. Si tu veux, tu peux venir avec moi la prochaine fois.
- ■ Mouais… On en reparlera au chalet, OK ?

Noémie craint ☒ qu'il n'y ait pas de neige.

▶ 36 3b Lösung

En ce qui concerne le changement climatique,

Aurélien est plutôt ☒ optimiste.
Noémie est plutôt ☒ pessimiste.

▶ 36 3c Lösung

	vrai	faux
1. Noémie ne veut pas faire de ski dans une station qui utilise de la neige artificielle.	☒	☐
2. Quand Noémie était petite, elle pouvait faire du ski seulement pendant les vacances de Noël.	☐	☒

Noémie pense que si ça continue comme ça, la saison de ski sera très courte et qu'on ne pourra faire du ski que pendant les vacances de Noël.

3. Aurélien fait confiance aux politiciens pour trouver une solution au réchauffement climatique. ☒ ☐
4. Aurélien trouve qu'il en fait assez pour l'environnement, par exemple en buvant de l'eau du robinet et en se déplaçant à vélo. ☒ ☐
5. « Notre Futur » est un club de ski pour jeunes. ☐ ☒

   « Notre Futur » est une association pour la protection de l'environnement.

▶ 37 **3d Lösung**

1. Il ne me restera plus aucun plaisir	e. si je ne peux plus faire de sports d'hiver.
2. Si on ne fait rien contre les émissions de gaz à effet de serre,	a. la température augmentera de plus de 1,5°C.
3. On ira faire du ski dans une station un peu plus loin	d. s'il n'y a pas de neige au chalet.
4. Si le réchauffement climatique dépasse 2°C,	b. les glaciers vont fondre et le niveau de la mer va monter.
5. Si tu veux,	c. tu peux venir avec moi la prochaine fois.

▶ 38 **3e Text / Lösung**

1. ■ Que se passera-t-il si le niveau de la mer monte ?
   - *Si le niveau de la mer monte, certaines régions côtières disparaitront et leurs populations devront émigrer.*
2. ■ Qu'arrivera-t-il si la température globale monte de plus de 1,5°C ?
   - *Si la température augmente, il y a aura de plus en plus de sécheresses et l'eau deviendra de plus en plus rare.*
3. ■ Que se passera-t-il si certains pays manquent d'eau potable ?
   - *Si certains pays n'ont plus assez d'eau pour leurs habitants, cela provoquera des conflits ou même des guerres.*
4. ■ Que se passera-t-il si la température globale augmente de 2°C ?
   - *Si la température globale continue d'augmenter, les écosystèmes seront perturbés et beaucoup d'espèces menacées disparaitront.*

F Je la regarde en streaming

F1 La nouvelle a été confirmée

▶ 39 **1a Hören Sie die Nachrichten: Welche Bilder und Rubriken passen dazu?**

A

☐ culture

B

☐ faits divers

C
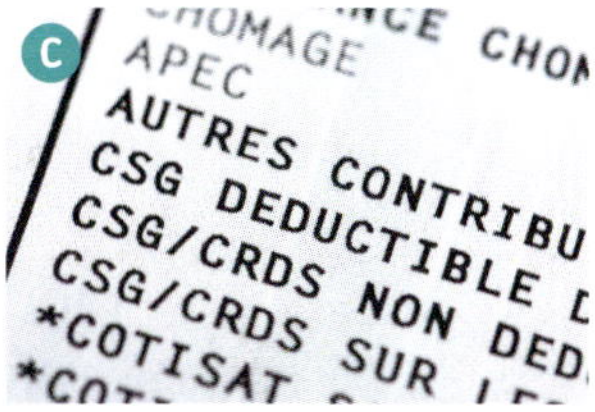

☐ économie

D

☐ politique

E

☐ sport

F

☐ trafic

▶ 39 **1b Hören Sie die Nachrichten noch einmal und wählen Sie die jeweils passende Alternative.**

1. Le projet de loi sur
   ☐ l'utilisation de pesticides ☐ l'utilisation d'engrais
   a été adopté la semaine dernière.
2. Au premier trimestre, de nombreux emplois
   ☐ à durée déterminée ☐ à durée indéterminée
   ont été créés.
3. Lors d'un braquage de banque, un homme a été
   ☐ blessé. ☐ tué.
4. La décision du sélectionneur Benjamin Leduc a été motivée par des raisons
   ☐ professionnelles ☐ personnelles.

▶ 40 **1c Hören Sie das Gespräch zwischen Marion et Clément: Über welche Nachrichten aus der Radiosendung sprechen die beiden?**

☐ la baisse du taux de chômage ☐ la démission du ministre de l'agriculture
☐ le hold-up d'une banque ☐ la démission du sélectionneur français

▶ 40 **1d Hören Sie das Gespräch noch einmal und entscheiden Sie: richtig oder falsch?**

	vrai	faux
1. Selon Marion, le ministre n'aurait pas dû démissionner.	☐	☐
2. Trois personnes ont été embauchées le mois dernier dans l'entreprise de Marion.	☐	☐
3. Clément est inquiet parce qu'Antoine est en retard.	☐	☐
4. Antoine a été retardé par un embouteillage.	☐	☐

▶ 41 **1e Caroline et Félix haben Freunde zum Abendessen eingeladen. Spielen Sie die Minidialoge mithilfe der Angaben.**

Beispiel: 0. Aber ... bist du nicht benachrichtigt worden? Das Essen ist abgesagt worden, weil Caroline krank ist. Das Fest ist auf nächsten Freitag verlegt worden.

■ Alors, on se voit demain chez Caro ?

● *Mais... tu n'as pas été informé ? Le dîner a été annulé parce que Caroline est malade. La fête a été reportée à vendredi prochain.*

1. Ja. Alles ist bereit. Das Wohnzimmer ist dekoriert, der Tisch ist gedeckt *(= mettre)* und das Gratin ist im Ofen.

2. Ja. Die Wohnung ist komplett renoviert worden. Die Fenster sind ersetzt und die Schlafzimmer sind neu gestrichen *(= repeindre)* worden.

3. Ich bin von seiner Entscheidung überrascht worden, aber er wird bestimmt durch Guy Richard ersetzt werden, und das ist klasse!

4. Ja. Es ist furchtbar. Zwei Personen wurden verletzt. Glücklicherweise konnten die Verbrecher festgenommen werden.

F1 La nouvelle a été confirmée

▶ 39 1a Text / Lösung

Le 20heures « Infotic » avec Neila Barre. Bonsoir et bienvenue à tous dans l'actualité de ce lundi. La nouvelle était attendue et a été confirmée ce matin : Jean-Jacques Millet, le ministre de l'agriculture et de l'alimentation, démissionne. Il quitte le gouvernement en réaction au projet de loi sur les nouveaux pesticides adopté la semaine dernière. Le ministre, qui désirait une loi plus sévère sur les produits controversés, a été attaqué par des membres de son cabinet qui l'accusaient de ne pas assez défendre les intérêts des agriculteurs. Il sera remplacé par l'ancienne syndicaliste agricole, Constance Loret.

Le taux de chômage a diminué de 0,7 point au premier trimestre pour s'établir à 7,8 %. La nouvelle a été annoncée ce matin par Alain Pichon, ministre de l'économie, des finances et de la relance. La France compte actuellement 2,3 millions de demandeurs d'emploi, soit 260 000 personnes de moins sur le trimestre. Le plan de relance économique mis en place l'année dernière semble donc fonctionner. Grâce à la reprise économique, de nombreux emplois en durée indéterminée ont été créés entre fin décembre et fin mars et le nombre d'emplois temporaires reste stable.

Attaque à main armée à Reims. Un hold-up a eu lieu dans une banque du centre-ville de Reims vers 16h. Deux hommes masqués sont entrés dans l'établissement, ont pris deux personnes en otage et ont réussi à s'introduire dans la salle des coffres. Lorsque l'alarme a sonné, les braqueurs ont paniqué et se sont enfuis en tirant autour d'eux. Un homme de 32 ans a été atteint d'une balle et a dû être transporté d'urgence à l'hôpital. Les deux criminels n'ont pas encore été arrêtés et sont recherchés par les gendarmes.

Coup de tonnerre dans le monde du sport. Le sélectionneur Benjamin Leduc vient d'annoncer qu'il allait quitter son poste fin aout. Il a demandé à mettre terme à son contrat après la fin du championnat du monde de football afin de pouvoir accompagner les joueurs pendant toutes les phases de la compétition. L'entraineur de l'équipe nationale a expliqué que sa décision avait été motivée par des raisons personnelles. Son successeur n'a pas encore été nommé, mais des rumeurs circulent selon lesquelles on aurait déjà proposé le poste à Guy Richard, l'ancien coach du club de Rennes.

B ☒ faits divers C ☒ économie D ☒ politique E ☒ sport

▶ 39 1b Text / Lösung

1. Le projet de loi sur ☒ l'utilisation de pesticides a été adopté la semaine dernière.
2. Au premier trimestre, de nombreux emplois ☒ à durée indéterminée ont été créés.
3. Lors d'un braquage de banque, un homme a été ☒ blessé.
4. La décision du sélectionneur Benjamin Leduc a été motivée par des raisons ☒ personnelles.

▶ 40 1c Text / Lösung

▲ Vraiment, je comprends pas pourquoi il a fait ça, Millet ! Est-ce qu'il était vraiment obligé de démissionner maintenant ? Il aurait pas pu attendre la fin de son mandat ?

◆ Tu sais, moi, je crois qu'il a bien fait de démissionner. S'il ne l'avait pas fait, il aurait perdu toute sa crédibilité. Je crois qu'aujourd'hui, tous les ministères doivent tenir compte des enjeux écologiques et Millet a montré qu'il avait compris ça. J'espère que sa démission obligera les autres ministres à repenser leur engagement envers l'environnement.

▲ Moi, je crois que sa démission ne changera absolument rien et qu'il aurait pu rester à son poste. Constance Loret n'a pas la réputation d'être particulièrement écologiste. Non, vraiment, c'est simplement une perte de temps et d'énergie... Mais bon, au moins, il y a une bonne nouvelle. Le taux de chômage a baissé et je crois que la reprise économique est enfin là.

◆ Oui, dans mon entreprise aussi, on le remarque. On a embauché trois employés le mois dernier et on cherche encore un informaticien pour le nouveau projet. Mais dis-donc, il est déjà neuf heures moins le quart. Je commence à avoir faim. Qu'est-ce qu'il fait, Guillaume ?

▲ Oui, à cette heure-ci, il devrait être là. C'est vrai qu'il se fait toujours attendre, mais ça lui ressemble pas d'arriver en retard à ce point. Est-ce que tu lui as dit à quelle heure il devait arriver ?

◆ C'est pas la première fois qu'on dine ensemble quand même ! Je lui ai dit d'arriver vers huit heures. Je lui avais même demandé d'être à l'heure et il m'avait promis d'être ponctuel cette fois-ci. Il a jamais eu 45 minutes de retard. J'espère qu'il lui est rien arrivé.

▲ Oh, arrête ! Qu'est-ce que tu veux qu'il lui soit arrivé ?

◆ T'as pas entendu ce qu'ils ont dit aux informations ? Il y a eu un vol à main armée dans le centre-ville, là où Guillaume travaille.

▲ Ne t'inquiète pas, Marion. Il aura rencontré quelqu'un et pris quelques minutes pour discuter avec lui ou peut-être qu'il y a simplement des embouteillages.

◆ Ah, Guillaume vient de m'envoyer un message.

▲ Alors, il est où ?

◆ Il écrit qu'il a été retenu au bureau et qu'il vient de passer à la pâtisserie pour acheter un dessert.

▲ Je te l'avais bien dit qu'il avait simplement été retardé.

☒ la baisse du taux de chômage ☒ la démission du ministre de l'agriculture

☒ le hold-up d'une banque

▶ 40 **1d Lösung**

	vrai	faux
1. Selon Marion, le ministre n'aurait pas dû démissionner.	☐	☒
Selon Marion, le ministre a pris la bonne décision.		
2. Trois personnes ont été embauchées le mois dernier dans l'entreprise de Marion.	☒	☐
3. Clément est inquiet parce qu'Antoine est en retard.	☐	☒
Clément n'est pas inquiet parce qu'Antoine est souvent en retard. Marion est inquiète.		
4. Antoine a été retardé par un embouteillage.	☐	☒
Antoine était très occupé au bureau et est allé acheter le dessert.		

▶ 41 **1e Text / Lösung**

1. ▲ Nos invités arrivent bientôt. Est-ce que tout est prêt ?

   ◆ *Oui. Tout est prêt. Le salon est décoré, la table est mise et le gratin est au four.*

2. ■ Vous avez fait des rénovations. C'est magnifique !

   ▲ *Oui. L'appartement a été complètement rénové. Les fenêtres ont été remplacées et les chambres ont été repeintes.*

3. ◆ Alors, qu'est-ce que vous pensez de la démission du sélectionneur français ?

   ■ *J'ai été surpris par sa décision, mais il sera sûrement remplacé par Guy Richard et ça, c'est super !*

4. ● Vous avez entendu parler du vol à main armé à la banque ?

   ◆ *Oui. C'est terrible. Deux personnes ont été blessées. Heureusement, les criminels ont pu être arrêtés.*

F2 Il n'y a jamais rien d'intéressant

▶ 42 **2a Luc, Aziz und Ève unterhalten sich beim Apéro in einer Bar. Welches Bild passt am besten zu dem, was Luc und Aziz am Sonntagabend noch vorhaben?**

A  ☐

B  ☐

C  ☐

▶ 42 **2b Hören Sie das Gespräch noch einmal und kreuzen Sie die jeweils richtige Alternative an.**

1. Luc veut regarder ☐ une émission de téléréalité. ☐ un concours de jeunes talents.
2. Luc aime cette émission
   ☐ parce que les membres du jury et les participants sont variés et divertissants.
   ☐ parce qu'elle est animée par son présentateur préféré.
3. Aziz veut regarder ☐ un match de rugby. ☐ une série dystopique.
4. Aziz veut regarder son émission en direct
   ☐ parce qu'il n'a pas la possibilité de l'écouter en replay.
   ☐ afin de pouvoir en discuter avec d'autres internautes sur les réseaux sociaux.

▶ 43 **2c Hören Sie die Fortsetzung des Gesprächs: Welche Medien nutzen Ève, Aziz und Luc?**

Télévision par câble :	Radio / Radio en ligne :	Télévision en ligne :
	Ève,	

▶ 43 **2d Hören Sie die Fortsetzung noch einmal: Was ist richtig, was ist falsch?**

	vrai	faux
1. Ève trouve toujours quelque chose d'intéressant à la télé.	☐	☐
2. Aziz se sert de sa smart TV surtout pour regarder des émissions de télé.	☐	☐
3. Le soir, Éve s'informe en regardant le journal télévisé.	☐	☐
4. Aziz ne peut pas supporter les interruptions des animateurs de radio.	☐	☐
5. Grâce à la smart TV, Luc a découvert des chanteurs d'autres pays.	☐	☐

▶ 44 **2e Sie unterhalten sich nun mit einem Bekannten über Ihre Pläne für den Abend. Übernehmen Sie die Rolle ● und beantworten Sie die Fragen mithilfe der Angaben.**

■ Alors, qu'est-ce que tu fais ce soir ?

Sie antworten, dass Sie es noch nicht wissen. Sie werden wahrscheinlich einen Film oder eine Serie ansehen. Ihr VOD-Dienst bietet eine sehr gute Auswahl. Sie fragen nach, was Ihr Gesprächspartner vorhat.

● *Je ne sais pas encore.* ______

■ Ben, moi aussi je vais regarder la télé. Il y a un documentaire que je voulais voir depuis longtemps à 21h. Donc, tu as maintenant un service de VOD ?

Sie bejahen und antworten, dass Sie seit einigen Monaten ein Abo zu einem Streamingdienst haben. Sie finden das super praktisch. Sie können endlich anschauen, was Sie wollen (und) wann Sie wollen.

● ______

■ Moi, je me demande si je ne devrais pas m'acheter une télé connectée, mais je ne sais pas si ça vaut la peine. Et toi, tu en as une ?

Sie bejahen und sagen, dass Sie auf diese Art (= de cette manière) *auf viele Inhalte zugreifen können* (= avoir accès à des contenus). *Manchmal spielen Sie Online-Spiele und informieren sich in den sozialen Netzwerken.*

● ______

■ Mais est-ce qu'on peut aussi écouter la radio avec ?

Sie bejahen und sagen, dass man mit dem Smart-TV Radiosendungen aus der ganzen Welt in (= sur) *den Online-Mediatheken hören kann. Sie finden das genial. Sie schlagen Ihrem Bekannten vor, nächste Woche zu Ihnen zum Apéro zu kommen* (= venir prendre). *Sie werden ihm zeigen, wie das funktioniert.*

● ______

F2 Il n’y a jamais rien d’intéressant

▶ 42 **2a Text / Lösung**

■ Bon, les amis, je finis mon verre et je rentre à la maison.

● Quoi ! Mais il est à peine huit heures, Luc !

▲ Oui, moi aussi, je pense que je vais rentrer.

● Vous êtes bien pressés tout à coup… Vous êtes sûrs de ne pas vouloir boire un dernier verre ? Qu’est-ce que vous avez à faire de si important, un dimanche soir ?

■ Ben, il y a « Étoiles et vedettes » qui passe à la télé et c’est la demi-finale.

● Tu veux dire que tu nous quittes pour aller regarder un télécrochet ! Et puis, ça existe encore ces trucs ? Je croyais qu’on avait supprimé les concours de talents du programme il y a quelques années.

■ Non mais, tu blagues ! On en est maintenant à la 16e saison et plus de 2 millions de Français la regardent.

● Et ça t’ennuie pas après toutes ces années ? C’est toujours la même chose, non ?

■ Ben, c’est peut-être justement ça qui fait le succès de l’émission. Le cadre est toujours le même. D’un côté, tu as le jury, qui est déjà un spectacle à lui seul. Tu devrais voir leurs coiffures et leurs vêtements ! Et puis, de l’autre côté, tu as les candidats qui sont prêts à tout pour gagner. C’est très amusant parce qu’il y a évidemment de nouveaux candidats, mais ce sont toujours les mêmes types : à chaque saison, il y a un timide, une rebelle, un intello, une grande blonde, etc. C’est parfois tellement cliché que c’en est drôle ! Mais il y a aussi toujours un ou deux chanteurs qu’on finit par aimer et qu’on aimerait voir gagner.

● Mouais… À chacun ses gouts. Et toi, Aziz, pourquoi est-ce que tu veux rentrer si tôt ?

▲ Ben… J’aimerais être chez moi à 10h pour regarder l’épisode pilote de la série « Brumes de demain ». C’est la suite de la série dystopique « Brumes d’hier » qui avait été super populaire il y a trois ou quatre ans. Ça fait des mois qu’on l’annonce et je veux pas manquer ça.

● Désolée, mais tu ne peux pas les regarder demain, tes « Brumes de demain » ? C’est tellement facile de regarder une émission en replay de nos jours.

▲ Non, non. Je veux absolument regarder la diffusion en direct pour pouvoir commenter l’émission avec d’autres fans sur les réseaux sociaux. On a même créé un forum juste pour pouvoir échanger nos impressions pendant et après l’épisode.

● Ben, moi, je vous trouve tous les deux bien accros à la télé. Avant, jamais un télécrochet ringard ou une série déprimante vous aurait empêché de rester une petite heure de plus au bar avec moi !

Zum Gespräch passt Foto C.

▶ 42 **2b Lösung**

1. Luc veut regarder ☒ un concours de jeunes talents.
2. Luc aime cette émission ☒ parce que les membres du jury et les participants sont variés et divertissants.
3. Aziz veut regarder ☒ une série dystopique.
4. Aziz veut regarder son émission en direct ☒ afin de pouvoir en discuter avec d'autres internautes sur les réseaux sociaux.

▶ 43 **2c Text / Lösung**

■ Et toi, tu regardes jamais la télé, Ève ?

● Bof, une fois de temps en temps comme tout le monde, mais je trouve jamais rien d'intéressant. Je tombe toujours soit sur des débats télévisés où tout le monde s'engueule, sur des émissions de téléréalité ou bien d'autres trucs tout aussi stupides. Certains soirs, je me demande vraiment pourquoi j'ai allumé la télé.

■ Mais pourquoi est-ce que tu t'abonnes pas à un service de streaming, comme moi ? Ils ont un super bon choix d'émissions, de séries et de films.

▲ Oui, c'est vrai. Moi, je suis abonné à deux services de VOD… de « video à la demande » et je trouve toujours quelque chose qui me plait. Ce qui est génial avec ce système, c'est que tu regardes ce que tu veux, quand tu veux.

● Deux abonnements ? Et ça coute combien par mois, tout ça ?

▲ Ben, c'est pas très cher. Les miens coutent environ 20 € par mois, mais ça dépend aussi du tarif que tu choisis. Le tien coute combien, Luc ?

■ À peu près la même chose.

● Je sais pas si ça vaut le coup. Je regarde la télé seulement le soir et je paie déjà la redevance audiovisuelle. Alors, est-ce que je devrais dépenser encore plus d'argent pour regarder un film en streaming une fois de temps en temps ?

■ Ben, de cette façon, tu aurais un plus grand choix et tu serais certaine de trouver quelque chose qui te plait.

● Oui, je me vois déjà en train de zapper entre les différents films, sans arriver à en choisir un. Indécise comme je suis, je passerais probablement mes soirées à regarder des bande-annonces, sans être capable de me décider.

▲ En tout cas, moi, depuis que j'ai commencé à utiliser des services de streaming, j'ai arrêté de regarder la télé par câble. La smart TV, ça a complètement changé mes habitudes télé.

● Ah, parce qu'en plus de tes deux abonnements streaming, tu as aussi une télévision intelligente. On peut dire que tu aimes les nouvelles technologies !

- ■ Tu sais, moi aussi, j'ai une smart TV et je trouve ça très pratique. Ton téléviseur est connecté à Internet et ça te donne accès à plein de services. Je n'utilise plus que ça maintenant. La télé par câble, c'est de la préhistoire pour moi.
- ▲ Oui, avec la smart TV, ton salon devient un véritable centre multimédia. Ma télé connectée, je l'utilise pour tout maintenant : pour surfer sur Internet, jouer à des jeux en ligne, rester en contact avec des amis sur les réseaux sociaux et bien sûr, aussi pour écouter de la musique ou la radio.
- ● Ah, ça, ça serait une fonction intéressante pour moi. J'aime bien écouter la radio. Le matin, au petit déjeuner, j'écoute les revues de presse nationale et internationale pour me tenir informée. Et puis, j'écoute souvent les nouvelles à la radio, le soir.
- ■ Tu regardes jamais le journal télévisé ?
- ● Pas toujours. Quand je regarde le journal télévisé, j'ai de la difficulté à me concentrer. Au lieu de faire attention à ce que dit le journaliste, je regarde souvent les images sans vraiment comprendre de quoi il s'agit. Les vidéos et les images me distraient.
- ■ Moi, j'écoute à peu près jamais la radio. Je trouve la plupart des animateurs super énervants avec leur bonne humeur exagérée. Surtout le matin, quand je me réveille. Non, moi, quand je veux écouter de la musique, je ne veux pas que la sélection musicale soit continuellement interrompue par la voix d'un DJ. Du coup, je préfère écouter de la musique en streaming, même si je dois payer pour.
- ▲ Moi, en revanche, j'adore écouter la radio. Et avec la smart TV, tu peux télécharger différentes applications qui te permettent d'écouter non seulement des émissions de radio françaises, mais aussi de tous les pays du monde.
- ● Vraiment ? Ben ça, ça serait intéressant. Moi, j'aime bien me tenir au courant des nouvelles tendances musicales d'autres pays. Ce serait une option intéressante.
- ▲ Oui. Et puis, il y a aussi des radios thématiques. Il y a, par exemple, une chaine qui diffuse uniquement de la musique jazz, 24h sur 24. Et ce qui est bien, c'est que le temps de publicité est généralement limité à quelques minutes par heure, alors on peut écouter de la musique sans être tout le temps interrompu par des spots publicitaires. Parfois, lorsque je fais le ménage, j'écoute des stations de radio sudaméricaines ou asiatiques. C'est d'ailleurs de cette manière que j'ai découvert le groupe argentin dont je t'ai parlé la semaine dernière. Et puis, ça me fait pratiquer mon espagnol.
- ● Vous savez quoi ? Je vais m'informer au sujet de ces télévisions connectées. Bon, alors, bonne soirée, les gars ! Et à la semaine prochaine !

Télévision par câble :	**Radio / Radio en ligne :**	**Télévision en ligne :**
Ève	*Ève, Aziz*	*Luc, Aziz*

▶ 43 **2d Lösung**

		vrai	faux
1.	Ève trouve toujours quelque chose d'intéressant à la télé. *Ève trouve qu'il n'y a rien d'intéressant à la télé.*	☐	☒
2.	Aziz se sert de sa smart TV surtout pour regarder des émissions de télé. *Aziz utilise son téléviseur intelligent non seulement pour regarder la télé, mais aussi pour surfer sur Internet, pour jouer à des jeux vidéo ou pour rester en contact avec des amis.*	☐	☒
3.	Le soir, Éve s'informe en regardant le journal télévisé. *Ève préfère s'informer en écoutant la revue de presse à la radio.*	☐	☒
4.	Luc ne peut pas supporter les interruptions des animateurs de radio.	☒	☐
5.	Grâce à la smart TV, Aziz a découvert des chanteurs d'autres pays.	☒	☐

▶ 44 **2e Text / Lösung**

■ Alors, qu'est-ce que tu fais ce soir ?

● *Je ne sais pas encore. Je vais probablement regarder un film ou une série. Mon service de VOD offre un très bon choix. Et toi, qu'est-ce que tu vas faire ?*

■ Ben, moi aussi je vais regarder la télé. Il y a un documentaire que je voulais voir depuis longtemps à 21h. Donc, tu as maintenant un service de VOD ?

● *Oui, j'ai un abonnement à un service de streaming depuis quelques mois. Je trouve ça super pratique. Je peux enfin regarder ce que je veux, quand je veux.*

■ Moi, je me demande si je ne devrais pas m'acheter une télé connectée, mais je ne sais pas si ça vaut la peine. Et toi, tu en as une ?

● *Oui, et de cette manière, j'ai accès à beaucoup de contenus. Parfois, je joue à des jeux en ligne et je m'informe sur les réseaux sociaux.*

■ Mais est-ce qu'on peut aussi écouter la radio avec ?

● *Oui. Avec la télé intelligente, on peut écouter des émissions de radio du monde entier sur les médiathèques en ligne. C'est génial. Viens prendre l'apéro chez moi la semaine prochaine. Je te montrerai comment ça fonctionne.*

F3 Si j'avais plus de temps...

▶ 45 **3a Der Radiomoderator Fabrice Payet interviewt Laurence Amirouche, eine französische Fernsehberühmtheit. Welche Aspekte ihres Lebens werden im ersten Teil des Interviews behandelt?**

☐ sa vie amoureuse ☐ le début de sa carrière

☐ ses rêves ☐ son enfance

☐ ses succès et ses échecs professionnels

▶ 45 **3b Hören Sie den ersten Teil des Interviews noch einmal. Welche Aussagen über Laurence Amirouche sind richtig und welche falsch?**

	vrai	faux
1. Laurence Amirouche a commencé à travailler dans le show business après ses études.	☐	☐
2. Elle a travaillé un an comme assistante dans une maison de production télévisuelle.	☐	☐
3. Elle a fait ses débuts à la télévision en remplaçant un animateur malade.	☐	☐
4. Toutes ses émissions ont remporté beaucoup de succès.	☐	☐
5. Les invités de l'émission « Histoires vécues » devaient venir en studio pour raconter leurs histoires.	☐	☐

▶ 46 **3c Hören Sie die Fortsetzung des Interviews mit Laurence Amirouche und vervollständigen Sie die Tabelle mit den fehlenden Informationen.**

	Qu'est-ce qu'elle ferait ?	**Pourquoi?**
Si elle pouvait remonter le temps...	*... elle ne participerait pas*	*parce qu'elle*
Si elle pouvait choisir avec qui travailler...		
Si elle avait plus de temps...		

▶ 47 **3d Was wäre, wenn ...? Antworten Sie auf die Fragen wie im Beispiel und mithilfe der Angaben.**

Beispiel: ■ Si Isaak avait beaucoup d'argent pour voyager, où irait-il ?

● *S'il avait beaucoup d'argent pour voyager, il visiterait l'Australie.*

0. **Isaak:** viel Geld zum Reisen haben / Australien besichtigen

1. **Faustine:** mehr Zeit haben / sich für einen Kochkurs anmelden

2. **Armand:** die Zeit zurückdrehen können / ein Haus bauen, wo seine ganze Familie wohnen könnte

3. **Marjorie:** weniger in der Arbeit eingespannt *(= occupée)* sein / mehr Zeit ihrer Leidenschaft, dem Malen, widmen *(= consacrer à)*

4. **Aimé:** im Lotto gewinnen / einen Teil dieses Geldes an eine karitative Organisation spenden *(= donner)*

5. **Sie:** jünger sein / programmieren lernen

F3 Si j'avais plus de temps...

▶ 45 3a Text / Lösung

■ Bienvenue dans un nouvel épisode de « On vous écoute ». Aujourd'hui, nous avons l'honneur d'avoir une des plus grandes personnalités de la télévision française avec nous en studio. Elle a fait son apparition dans plus d'une vingtaine d'émissions de télévision et a participé à la réalisation d'évènements culturels et artistiques majeurs. Avec plus de 30 ans d'expérience, on peut dire qu'elle a marqué l'histoire de la télévision française. Vous avez sans doute deviné de qui il s'agit : de Laurence Amirouche ! Bienvenue à « On vous écoute ».

● Bonsoir, Fabrice. Merci énormément pour cette invitation. Comme vous venez de le dire, j'ai participé à un grand nombre d'émissions, mais je n'avais jamais été invitée sur les ondes de *Radio Pinson*, alors c'est une nouvelle première pour moi.

■ Merci d'avoir accepté notre invitation. Alors, parlons d'abord de vos débuts. Vous avez commencé votre carrière dans le show business dans les années 80 avec des petits rôles au cinéma. Vous avez joué, entre autres, dans le drame « Un crime inimaginable » de Claude Laporte.

● Oui, à cette époque, j'étais inscrite à la faculté d'éducation de l'université de Montpellier et je travaillais comme figurante pour gagner un peu d'argent. Il s'agissait de très petits rôles, bien sûr. Je devais jouer une cliente dans un café ou quelqu'un qui se promène dans la rue et pourtant, un jour, Claude Laporte m'a remarquée et m'a proposé un rôle secondaire dans son nouveau film « Un crime inimaginable ». Cette expérience a été très enrichissante pour moi, mais c'est là que j'ai compris que je n'étais pas faite pour le travail d'actrice. Je préfère nettement animer une discussion, interagir avec un public et pouvoir être spontanée.

■ Alors, comment en êtes-vous venue à faire de la télévision ?

● Tout à fait par hasard. Ce n'était pas du tout mon ambition de travailler à la télé. Après avoir terminé ma licence, j'ai longtemps cherché un travail dans le domaine de l'éducation et comme je n'en trouvais pas, j'ai réactivé d'anciens contacts et j'ai trouvé un job d'assistante dans une maison de production télévisuelle. Je ne pensais pas travailler là très longtemps, mais finalement, j'ai beaucoup aimé cette expérience. Je suis restée là un an avant de commencer à travailler comme auteure pour l'émission « Cet après-midi ». C'est moi qui rédigeais les textes des présentateurs, entre autres ceux de Cyril Humbert.

■ Ah oui. Et un jour, Cyril Humbert ne se sentait pas bien et c'est vous qui l'avez remplacé, c'est bien ça ?

● Oui, exactement. Ce jour-là, on devait trouver une solution très rapidement et comme je connaissais déjà tous les textes des présentateurs, le réalisateur m'a envoyée en ondes. Ça s'est très bien passé. Je me suis tout de suite sentie à l'aise devant la caméra. Et puis, j'ai commencé à remplacer les animateurs de « Cet après-midi » une fois de temps en temps avant qu'on me confie l'émission « Moitié-moitié ».

- ■ Et depuis, rien ne vous arrête. Alors dites-nous, parmi les émissions auxquelles vous avez participé, laquelle avez-vous préféré animer ?
- ● Alors ça, c'est très simple. L'émission qui a été la plus importante pour moi, c'est « Histoires vécues ». Vous connaissez le concept. C'est une émission qui se voulait une tribune pour tous ces gens qui réalisent des choses extraordinaires, mais qui ne reçoivent pas toujours l'attention qu'ils méritent. Je dois dire qu'« Histoires vécues » a été un projet extrêmement exigeant. Chaque épisode demandait une longue préparation. On était toujours sur la route parce qu'il fallait se rendre sur le lieu de vie de nos invités pour qu'ils nous racontent leur histoire. Je n'ai jamais autant travaillé de toute ma carrière, mais je n'ai jamais non plus rencontré autant de personnes magnifiques, passionnées, inspirantes, émouvantes et je suis infiniment reconnaissante de toutes ces belles rencontres qui m'ont permis de progresser à tous les niveaux.
- ■ Oui, « Histoires vécues » a été diffusée pendant plus de dix ans et a remporté un énorme succès, comme toutes les productions auxquelles vous avez participé d'ailleurs.
- ● Oh non ! Malheureusement, on ne peut pas dire ça. Il y a eu quelques flops dans ma carrière. L'émission « Chez Laurence », par exemple, n'a pas tout à fait eu le succès escompté et a été interrompue après quelques épisodes. Mais même cette expérience m'a fait progresser et je ne regrette pas d'y avoir participé.

☒ le début de sa carrière

☒ ses succès et ses échecs professionnels

▶ 45 **3b Lösung**

	vrai	faux
1. Laurence Amirouche a commencé à travailler dans le show business après ses études.	☐	☒
Elle a joué de petits rôles au cinéma pendant ses études.		
2. Elle a travaillé un an comme assistante dans une maison de production télévisuelle.	☒	☐
3. Elle a fait ses débuts à la télé en remplaçant un animateur malade.	☒	☐
4. Toutes ses émissions ont remporté beaucoup de succès.	☐	☒
Il y a eu quelques flops dans sa carrière. Toutes ses émissions n'ont pas obtenu le même succès.		
5. Les invités de l'émission « Histoires vécues » devaient venir en studio pour raconter leurs histoires.	☐	☒
Laurence Amirouche devait se rendre sur le lieu de vie des invités.		

▶ 46 **3c Text / Lösung**

■ Donc, pas de regrets... Mais si vous pouviez remonter le temps, est-ce qu'il y a quelque chose que vous ne feriez pas ou que vous feriez différemment ?

● Si je pouvais remonter le temps, je ne participerais pas à l'émission « Une chance – Une chanson » parce que je n'ai aucun talent de chanteuse, ce que tout le monde a pu constater à cette occasion. Les animateurs, Richard Blanchard et Géraldine Aubert, voulaient absolument que je participe en tant qu'invitée et j'ai fini par accepter, mais si je pouvais revenir sur cette décision, je le ferais. Je participerais peut-être en tant que membre du jury, mais certainement pas en tant qu'invitée spéciale.

■ Richard et Géraldine sont des présentateurs très populaires qui travaillent ensemble depuis des années. Contrairement à eux, vous avez toujours animé vos émissions seule jusqu'à maintenant. Si on vous proposait d'animer une émission avec un ou une collègue, qui aimeriez-vous avoir à vos côtés ?

● C'est une très bonne question parce que, jusqu'à présent, l'occasion de coanimer une émission ne s'est pas présentée. Ce n'est donc pas un choix personnel. Dans certains cas, comme la remise des prix « TÉLEF », par exemple, j'aurais bien aimé pouvoir travailler en duo. Et si je pouvais choisir une coanimatrice pour la prochaine remise des prix, eh bien je choisirais sûrement Marine Girondin.

■ Ah bon ! C'est une réponse qui surprend un peu. On entend souvent des rumeurs selon lesquelles il existerait une certaine rivalité entre vous deux.

● Oui, et je ne sais vraiment pas d'où viennent ces histoires. J'aimerais d'ailleurs y mettre fin une fois pour toutes. Marine Girondin est une femme que j'apprécie énormément et qui est d'un grand professionalisme. J'adore son style de présentation à la fois élégant et décontracté et je serais ravie d'animer une émission avec elle.

■ Vous travaillez actuellement sur l'émission de téléréalité « On est là pour rester », une émission qui va vous tenir occupée pendant les cinq prochains mois. Dans une entrevue précédente, vous avez dit que vous aviez dû annuler un projet personnel pour pouvoir préparer « On est là pour rester ». Alors dites-nous : si vous aviez plus de temps, quels projets aimeriez-vous réaliser ?

● Bien, lorsque que je faisais des recherches pour l'émission « Histoires vécues », j'ai souvent rencontré des enfants qui habitaient dans des cités de banlieue et qui avaient complètement perdu le contact avec la nature. Si j'avais plus de temps, j'ouvrirais une ferme pédagogique, alors une entreprise agricole où les enfants et leurs familles pourraient vivre quelques temps et faire l'expérience de la vie à la campagne. Ça peut sembler un peu bizarre, mais ce serait une manière de concilier mes deux grandes passions : la nature et l'éducation.

■ Un retour aux sources donc, à l'époque de vos études ?

● Oui, exactement.

	Qu'est-ce qu'elle ferait ?	Pourquoi ?
Si elle pouvait remonter le temps…	… elle ne participerait pas à l'émission « Une chance – Une chanson »	parce qu'elle ne chante pas bien.
Si elle pouvait choisir avec qui travailler…	… elle choisirait Marine Girondin	parce que Laurence Amirouche apprécie son professionnalisme et son style élégant et décontracté.
Si elle avait plus de temps…	… elle ouvrirait une ferme pédagogique	parce qu'elle pourrait ainsi se consacrer à / concilier ses deux grandes passions : la nature et l'éducation.

▶ 47 **3d Text / Lösung**

1. ■ Que ferait Faustine si elle avait plus de temps ?
   - ● Si elle avait plus de temps, elle s'inscrirait à un cours de cuisine.
2. ■ Que ferait Armand s'il pouvait remonter le temps ?
   - ● Si Armand pouvait remonter le temps, il construirait une maison où toute sa famille pourrait habiter.
3. ■ Que ferait Marjorie si elle était moins occupée au travail ?
   - ● Si Marjorie était moins occupée au travail, elle consacrerait plus de temps à sa passion : la peinture.
4. ■ Qu'est-ce qu'Aimé ferait avec son argent s'il gagnait au loto ?
   - ● Si Aimé gagnait au loto, il donnerait une partie de cet argent à une organisation caritative.
5. ■ Et vous, que feriez-vous si vous étiez plus jeune ?
   - ● Si j'étais plus jeune, j'apprendrais à programmer.

G

G Ça fait du bien !

G1 C'est meilleur pour la santé

▶ 48 **1a Hören Sie das Interview mit dem Personal Trainer und Ernährungsberater Robert Berger. Worum geht es in dem Interview hauptsächlich?**

Dans l'interview, il est question
- ☐ d'allergies alimentaires.
- ☐ de pratiques alimentaires.
- ☐ d'astuces pour perdre du poids.

▶ 48 **1b Hören Sie das Interview noch einmal und ordnen Sie die Bezeichnungen der Ernährungsformen den passenden Lebensmittelgruppen zu.**

le pesco-végétarisme • le fruitarisme • l'ovo-lacto-végétarisme • le végétalisme

1. ______________________

2. ______________________

3. ______________________

4. ______________________

▶ 48 **1c Hören Sie das Interview noch einmal und entscheiden Sie: richtig oder falsch?**

	vrai	faux
1. Un tiers des Français ne mangent jamais de viande.	☐	☐
2. En France, il n'est pas possible de devenir un grand chef cuisinier avec des plats végétariens.	☐	☐
3. Beaucoup de Français ont des préjugés contre les végétariens.	☐	☐

4. Un régime sans viande réduit les risques de maladies cardiovasculaires. ☐ ☐
5. Une alimentation végétarienne équilibrée ne cause pas de carences alimentaires. ☐ ☐

▶ 49 **1d Hören Sie die Fortsetzung des Interviews. Aus welchen beiden Gründen, abgesehen von gesundheitlichen, werden Menschen oft zu Vegetariern?**

Selon M. Berger, on devient ____________________

____

1e Hören Sie die folgenden Ausschnitte aus dem Interview (mehrmals) und beantworten Sie die Fragen dazu.

▶ 50 1. Nommez trois aspects de l'élevage industriel critiqués par M. Berger.

____

____

____

2. Que peut-on faire pour améliorer les conditions d'élevage selon M. Berger ?

____

____

▶ 51 3. Nommez deux raisons pour lesquelles la consommation de viande n'est pas écologique. ____________________

____

4. Pourquoi l'interviewer dit-il que l'alimentation végétarienne ne protège pas toujours l'environnement ? ____________________

____

5. À quoi M. Berger fait-il attention lorsqu'il achète des fruits et des légumes ?

____

____

▶ 52 6. Quels conseils M. Berger donne-t-il à ceux et celles qui veulent devenir végétariens ?

____

▶ 53 **1f Sie werden auf dem „Festival Fitness" in Annecy zum Thema Ernährung interviewt. Übernehmen Sie die Rolle ● und antworten Sie mithilfe der folgenden Angaben.**

■ [...] Êtes-vous omnivore, flexitarien/ne, végétarien/ne, végétalien/ne ou autre ?

Sie sagen, dass Sie seit einigen Jahren Vegetarier/in sind. Sie haben zunächst auf Fleisch verzichtet (= renoncer à) *und dann, vor zwei Jahren, haben Sie auch aufgehört, Fisch zu essen.*

● *Je suis végétarien/ne depuis* ____________________

■ Et est-ce que ça a été difficile de changer vos habitudes alimentaires ?

Sie sagen, dass Sie Fleisch nie besonders gemocht haben. Daher ist es einfach gewesen, nicht mehr (davon) zu essen. Mit dem Fisch ist es schwieriger gewesen.

● ____________________

■ Et pourquoi êtes-vous devenu/e végétarien/ne ?

Sie antworten, dass Sie aus (= pour) *ethischen Gründen begonnen haben, einer vegetarischen Ernährung* (= un régime) *zu folgen. Sie wollten nicht mehr für den Tod von Tieren verantwortlich sein.*

● ____________________

■ Le régime végétarien est considéré comme sain. Avez-vous remarqué des effets positifs depuis que vous avez changé vos habitudes alimentaires ?

Sie bejahen und sagen, dass Sie keine Verdauungsstörungen (= des problèmes de digestion) *mehr haben, seitdem Sie Vegetarier/in sind.*

● ____________________

■ Une alimentation sans viande serait aussi plus écologique. Est-ce que cet aspect est important pour vous ?

Sie bejahen und sagen, dass Sie auch die Herkunft (= l'origine) *von Obst und Gemüse, das Sie kaufen, prüfen und versuchen, nur regionale Produkte zu konsumieren.*

● ____________________

■ Merci d'avoir participé à notre enquête !

G1 C'est meilleur pour la santé

▶ 48 **1a Text / Lösung**

■ Bonjour du *Festival Santé* de Grasse où nous avons le plaisir de discuter santé, bien-être et alimentation avec Robert Berger, diététicien et auteur de l'ouvrage « Naturellement bon ». Robert Berger, bonjour.

● Bonjour Madame Levasseur !

■ Robert Berger, votre nouveau livre est sorti en librairie cette semaine. Dans « Naturellement bon », vous présentez les avantages d'une alimentation végétarienne. Pensez-vous pouvoir convaincre les Français de renoncer à la viande ?

● Disons d'abord que mon objectif n'était pas de convaincre les Français de ne plus manger de viande, mais plutôt de leur faire découvrir le monde du végétarisme. En ce moment, peu de Français sont végétariens, en tout, seulement entre 2 et 3 % de la population, mais de plus en plus de gens s'intéressent à ce type d'alimentation. Déjà un tiers des Français se disent flexitariens et s'alimentent pratiquement de manière végétarienne en ne mangeant que très peu de viande. On constate d'ailleurs cette tendance en observant l'évolution du marché végétarien. Il y a quelques années, il était nécessaire d'aller dans des épiceries spécialisées pour trouver des alternatives sans viande. Aujourd'hui, on trouve du tofu ou de la viande végétale dans la plupart des supermarchés.

■ Et pourtant, encore beaucoup de gens ont des préjugés envers les végétariens. On les accuse d'être incapables d'apprécier la bonne nourriture, ou pire, de dénaturer la cuisine française. La moitié des Français croient encore que les repas végétariens manquent de saveurs et ne peuvent pas se mesurer aux grands plats gastronomiques.

● En effet, ce sont là des préjugés bien tenaces. Pourtant, il existe déjà une excellente culture gastronomique végétarienne et de plus en plus de cuisiniers se tournent vers des alternatives sans viande. Il y a même déjà quelques restaurants végétariens qui ont obtenu une étoile. Et puis, je crois que la plupart de ces préjugés reposent sur des malentendus. On confond souvent le végétarisme avec d'autres formes de pratiques alimentaires comme le végétalisme ou le fruitarisme.

■ Justement. Pourriez-vous nous expliquer la différence entre ces termes ?

● Alors commençons par le végétarisme « classique ». Ces végétariens excluent la viande et le poisson de leur régime alimentaire, mais consomment par contre des œufs et des produits laitiers. C'est pourquoi on parle parfois d'ovo-lacto-végétarisme.

■ Ah bon, je croyais que les végétariens ne mangeaient pas de viande, mais pouvaient manger du poisson.

● Eh bien, oui, certains végétariens mangent parfois du poisson afin de garder une source de protéine animale au menu. On parle alors de pesco-végétarisme.

■ Et quelles sont les différences entre végétariens, végétaliens, végans et fruitariens ?

- Eh bien, contrairement aux végétariens, les végétaliens renoncent non seulement à la viande, mais aussi aux aliments d'origine animale comme le lait ou le miel. Les végans, quant à eux, renoncent non seulement aux aliments, mais aussi à tous les produits d'origine animale, comme par exemple la laine ou le cuir. Le fruitarisme, lui, est une tendance plus extrême qui consiste à ne consommer que des fruits ou des noix, c'est-à-dire les parties de végétaux qu'on peut récolter sans faire mourir la plante elle-même.

- Oui, en effet, c'est un peu compliqué. Mais revenons au végétarisme « classique ». Pourquoi certaines personnes choisissent-elles cette forme d'alimentation ? Autrement dit, pourquoi devient-on végétarien ?

- Alors, comme je l'explique dans mon livre, il y a plusieurs bonnes raisons de devenir végétarien : des raisons éthiques, écologiques ou sanitaires. Et comme nous sommes au *Festival Santé*, commençons par les raisons sanitaires. Plusieurs études démontrent qu'un régime végétarien aurait des effets positifs sur la santé. Le fait de renoncer à la viande réduirait, entre autres, les risques de maladies cardiovasculaires, d'obésité et de diabète. Une étude a même mis en évidence qu'une alimentation sans viande faisait baisser de 21% le risque de développer un cancer, comme le cancer de l'intestin par exemple.

- Donc pour vous, il n'y a que des avantages à adopter un régime végétarien. Et pourtant, certains médecins soulignent les risques d'une alimentation végétarienne : carence en vitamine B12, en fer, manque de protéines...

- Ah, les fameuses protéines... Alors, je peux vous rassurer : il existe beaucoup d'aliments riches en protéines que l'on peut manger pour remplacer les protéines qu'on trouve dans la viande. En premier lieu, les œufs et les produits laitiers, mais aussi les céréales, les noix ou les légumineuses, comme le soja et les lentilles, assurent un bon apport de protéines. Pour ce qui est du fer, là, il faut faire un peu plus attention : le fer végétal, qu'on trouve lui aussi dans les légumineuses, les céréales et les noix, mais aussi dans les algues, est moins bien absorbé que le fer d'origine animale. Pour favoriser son absorption, il est donc nécessaire de le consommer avec des aliments qui contiennent de la vitamine C, comme du poivron ou du jus de citron, par exemple. Ce n'est pas très compliqué, mais il faut le savoir.

- Et puis, il y a aussi les acides gras comme le fameux oméga-3 qui peuvent poser un problème, je crois.

- Oui, les oméga-3 sont très importants pour le bon fonctionnement de notre organisme, en particulier pour notre système immunitaire. Et on les trouve surtout dans le poisson. Ce n'est donc pas un problème pour les pesco-végétariens. Par contre, si vous ne mangez pas de poisson, il est conseillé de consommer des produits riches en oméga-3 comme de l'huile de lin, des graines de chia ou des noix.

- Décidément, les noix sont des incontournables de l'alimentation végétarienne.

- Oui, en effet. Ils contiennent tout ce dont notre corps a besoin : des vitamines, des minéraux comme le magnésium, le potassium, le fer, le cuivre, le phosphore et le calcium, des fibres alimentaires et des protéines. On serait bête de ne pas en manger.

Dans l'interview, il est question ☒ de pratiques alimentaires.

▶ 48 **1b Lösung**

1. le fruitarisme 2. le pesco-végétarisme 3. l'ovo-lacto-végétarisme
4. le végétalisme

▶ 48 **1c Lösung**

	vrai	faux
1. Un tiers des Français ne mangent jamais de viande.	☐	☒
Seulement de 2 à 3 % des Français sont végétariens.		
2. En France, il n'est pas possible de devenir un grand chef cuisinier avec des plats végétariens.	☐	☒
De plus en plus de chefs se tournent vers les plats végétariens. Quelques restaurants végétariens ont obtenu une étoile.		
3. Beaucoup de Français ont des préjugés contre les végétariens.	☒	☐
4. Un régime sans viande réduit les risques de maladies cardiovasculaires.	☒	☐
5. Une alimentation végétarienne équilibrée ne cause pas de carences alimentaires.	☒	☐

▶ 49 **1d/e Text**

▶ 50 ■ On peut donc dire que beaucoup de végétariens le sont pour des raisons de santé, mais vous avez aussi mentionné des raisons éthiques et des raisons écologiques. Alors quels sont les autres arguments en faveur d'une alimentation végétarienne ?

● Eh bien, une des raisons principales pour devenir végétarien, c'est de refuser la souffrance animale. En France, on pratique surtout l'élevage de masse. Ça signifie que les bêtes vivent entassées dans un tout petit espace où elles ne peuvent presque pas bouger. Elles passent leur vie entière enfermées dans un bâtiment, sur un sol en béton, sans jamais avoir accès à l'extérieur. Elles développent des troubles de comportement, deviennent violentes par exemple. Et ça, c'est sans parler des autres aspects problématiques de l'élevage comme l'utilisation préventive des antibiotiques ou le transport des animaux sur de longues distances.

■ Oui, les associations de protection animale dénoncent régulièrement ces pratiques.

● Alors quand on sait ça, c'est difficile de justifier la consommation de viande.

■ Oui, en effet, mais pour consommer des œufs, du lait et du fromage, il faut aussi des animaux. Les vaches, par exemple, doivent avoir des veaux, qui doivent être élevés et qui finissent à l'abattoir. Les végétariens contribuent donc indirectement à cette industrie et à la mort d'animaux.

● C'est vrai et c'est pourquoi ceux qui mentionnent cette raison sont souvent végétaliens. Personnellement, je crois qu'il est surtout important de savoir d'où viennent les produits qu'on achète. Il faut lire les étiquettes, poser des questions à son fromager et acheter des produits qui assurent le bien-être animal.

▶ 51 C'est la seule façon de faire quelque chose contre l'élevage de masse. Surtout qu'en plus d'être une source de souffrance pour les animaux, il est aussi destructeur pour l'environnement. Beaucoup de gens l'ignorent, mais l'industrie de la viande est aujourd'hui un des principaux émetteurs de gaz à effet de serre.

■ Vous parlez du méthane et des autres gaz émis par les vaches et les bœufs ?

● Oui, mais pas seulement. On doit aussi tenir compte de la production, de la transformation et du transport des animaux et de leur nourriture. Toutes ces activités produisent du CO_2 et d'autres gaz à effet de serre. Pour nourrir les animaux destinés à la consommation, on doit souvent importer des céréales d'Amérique du Sud. C'est absurde ! Et puis, disons qu'en général, l'élevage consomme beaucoup plus de ressources naturelles que l'agriculture. Prenons l'eau par exemple : il faut 4 800 l d'eau pour produire 1 kg de porc, alors si on compare ce chiffre aux 1 600 l d'eau nécessaires pour 1 kg de céréales, le calcul est vite fait.

■ Et pourtant, beaucoup de végétariens consomment des fruits et des légumes qui poussent à l'autre bout du monde et la production et le transport de ces aliments ont aussi des conséquences environnementales.

● Oui, mais cette critique vaut de même pour les omnivores qui, eux aussi, mangent des bananes et des avocats une fois de temps en temps, en plus de manger de la viande. Et... même si les végétariens ne s'informent pas toujours sur la provenance de leurs aliments, en général, ils essaient de consommer des produits locaux et saisonniers.

■ Vous êtes donc aussi locavore ?

● Oui, quand c'est possible, j'achète des produits régionaux. Je porte aussi attention à la saisonnalité des produits. Je n'achète pas d'abricots en hiver ou de choux de Bruxelles en été parce que ce n'est pas la saison. Quand on le sait, on privilégie tout naturellement les produits du moment. Mais bon, je ne suis pas parfait non plus. Je bois du thé et j'adore les ananas, par exemple. Je crois qu'il faut simplement être conscient du problème et consommer ces produits avec modération.

▶ 52 ■ Pour terminer : avez-vous un conseil à nos auditeurs pour renoncer plus facilement à la viande et ne pas avoir l'impression de se priver de quelque chose ?

● Je dirais : ne mettez pas l'accent sur les choses que vous ne pouvez pas manger, mais plutôt sur la diversité des produits que vous allez découvrir. Devenir végétarien, c'est la chance de faire de nouvelles expériences, de découvrir des recettes délicieuses et aussi de prendre soin de votre santé.

■ Monsieur Berger, merci d'avoir été des nôtres.

▶ 49 **1d Lösung**

Selon M. Berger, on devient végétarien pour des raisons éthiques et pour des raisons écologiques. On ne veut pas que les animaux souffrent. On veut protéger l'environnement.

▶ 50-52 1e Lösung

1. Les animaux ne peuvent presque pas bouger. / Ils vivent sur un sol en béton. / Ils n'ont jamais accès à l'extérieur. / On les transporte sur de longues distances.
2. Il faut s'informer en lisant les étiquettes et en posant des questions aux commerçants. Il faut consommer seulement des produits qui assurent le bien-être animal.
3. L'élevage produit beaucoup de gaz à effet de serre. / On importe souvent les céréales pour nourrir les animaux. / L'élevage consomme plus de ressources naturelles que l'agriculture.
4. Les végétariens achètent souvent des fruits ou des légumes qui sont importés de pays lointains.
5. Il est locavore : il achète des produits régionaux. Il porte aussi attention à la saisonnalité des produits : il achète des fruits et des légumes de saison.
6. M. Berger dit qu'il faut se concentrer sur les aspects positifs du végétarisme, comme apprendre de nouvelles recettes et prendre soin de sa santé.

▶ 53 1f Text / Lösung

■ Bonjour ! Je peux vous poser quelques questions ? Nous faisons une enquête sur les pratiques alimentaires des Français. Êtes-vous omnivore, flexitarien/ne, végétarien/ne ou autre ?

● Je suis végétarien/ne depuis quelques années. J'ai d'abord renoncé à la viande et puis, il y a deux ans, j'ai aussi arrêté de manger du poisson.

■ Est-ce que ça a été difficile de changer vos habitudes alimentaires ?

● Je n'ai jamais vraiment aimé la viande, alors ça a été facile de ne plus en manger. Avec le poisson, ça a été plus difficile.

■ Et pourquoi êtes-vous devenu/e végétarien/ne ?

● J'ai commencé à suivre un régime végétarien pour des raisons éthiques. Je ne voulais plus être responsable de la mort d'animaux.

■ Le régime végétarien est considéré comme sain. Avez-vous remarqué des effets positifs depuis que vous avez changé vos habitudes alimentaires ?

● Oui. Je n'ai plus de problèmes de digestion depuis que je suis végétarien/ne.

■ Une alimentation sans viande serait aussi plus écologique. Est-ce que cet aspect est important pour vous ?

● Oui. Et je vérifie aussi l'origine des fruits et des légumes que j'achète et j'essaie de ne consommer que des produits locaux.

■ Merci d'avoir participé à notre enquête !

G2 J'ai décidé de me mettre au yoga

▶ 54 **2a In einer Chatgruppe schicken sich vier Freunde ein paar Sprachnachrichten hin und her. Hören Sie die Sprachnachrichten und geben Sie an, wofür sich die Freunde entscheiden.**

Les amis décident ☐ de se rencontrer plus tôt. ☐ de se rencontrer plus tard.
☐ d'annuler leur sortie.

▶ 54 **2b Hören Sie die Sprachnachrichten erneut und ordnen Sie die Namen den Fotos zu.**

Mélissa • Alexis • Malika • Guillaume

1. ____________ 2. ____________ 3. ____________ 4. ____________

▶ 55 **2c Alexis, Guillaume, Mélissa und Malika treffen sich zum vereinbarten Termin. Hören Sie die Unterhaltung und entscheiden Sie, was die Freunde Alexis vorschlagen.**

Les copains d'Alexis lui proposent différentes activités pour

☐ perdre du poids.

☐ lutter contre le stress.

☐ se faire des muscles

☐ ne plus penser à ses problèmes.

▶ 55 **2d Hören Sie die Unterhaltung erneut. Welches Foto passt zu wem?**

le yoga : ____________ le jogging : ____________ le club de fitness : ____________ la pleine conscience : ____________

▶ 56 **2e Verbinden Sie die linke mit der rechten Spalte und hören Sie anschließend zur Kontrolle.**

1. En m'organisant bien,
2. Je fais mon jogging
3. En s'entrainant à deux,
4. En parlant à un collègue,
5. En pratiquant le yoga,

a. on est plus motivé.
b. j'ai appris qu'il existait des cours de yoga sur Internet.
c. je me suis musclée.
d. en écoutant de la musique ou un podcast.
e. j'arrive à m'entrainer quatre fois par semaine.

▶ 57 **2f Sie geben nun Auskunft über die Aktivitäten, die die folgenden Personen für ihr Wohlbefinden machen. Antworten Sie mithilfe der Angaben, wie im Beispiel.**

Beispiel: ■ J'ai rencontré Anne-Sophie dernièrement et je l'ai trouvée changée.
● *Oui, elle a appris à s'affirmer en faisant du karaté.*

0. Anne-Sophie:
Karate machen – lernen, sich zu behaupten

1. Éric:
vier Mal die Woche joggen – ein paar Kilo abnehmen

2. Suzanne:
meditieren und Achtsamkeit *(= la pleine conscience)* ausüben – lernen, sich zu entspannen

3. Yvon:
regelmäßig Sport machen – seine körperliche Kondition *(= sa condition physique)* verbessern

G2 J'ai décidé de me mettre au yoga

▶ 54 2a Text / Lösung

■ Salut tout le monde ! Je suis désolé, mais j'ai un empêchement de dernière minute. Je viens d'apprendre que mon patron m'avait convoqué à une réunion et je dois absolument y participer, alors je pourrai pas venir vous rejoindre au bar avant 20h30. Est-ce que ça vous va ? Sinon, il faudrait annuler notre rendez-vous. J'ai eu une semaine de fou jusqu'à maintenant et je crois que ça va continuer comme ça jusqu'à samedi. Allez, dites-moi si ça marche.

● Encore, Alexis ! Mais ça devient une habitude ! La semaine dernière aussi, tu avais dû rester plus longtemps que prévu au bureau ! Mais bon, pour moi, ça va. Ça fait même un peu mon affaire qu'on se retrouve plus tard. Comme ça, je vais avoir le temps de passer à la salle de musculation pour faire une petite séance de fitness. Ça va me faire du bien de me défouler avant d'aller vous retrouver. Moi aussi, j'ai eu une journée hyper chargée au bureau. Mélissa, Malika, ça vous va aussi ?

▲ Encore à la salle de sport, Guillaume ? Tu n'exagères pas un peu ? Bon, alors moi, comme je suis en mission la semaine prochaine, je préfèrerais qu'on n'annule pas. Allez, on attend la réponse de Malika, mais je pense pas que ce soit un problème pour elle qu'on se voie un peu plus tard. Ciao !

◆ Salut les copains ! Je peux pas vous parler très longtemps parce qu'il y a une urgence à l'hôpital, mais à huit heures et demie, je devrais avoir fini, alors ça marche pour moi.
À plus !

Les amis décident ☒ de se rencontrer plus tard.

▶ 54 2b Lösung

1. Alexis 2. Guillaume 3. Mélissa 4. Malika

▶ 55 2c Text / Lösung

■ Salut tout le monde. Désolé d'être en retard, mais j'ai dû rester au bureau jusqu'à huit heures et demie.

▲ Eh ben, dis donc ! C'est toujours comme ça dans ta boite ?

■ En ce moment, oui. Notre agence de publicité est en train d'essayer de conclure un contrat avec un fabricant de savons et comme c'est mon équipe qui est en charge de préparer le pitch, on galère. C'est super stressant et j'ai l'impression de ne plus avoir de vie privée. Tout tourne toujours autour du travail et je n'ai plus de temps pour moi.

▲ Alors moi, je serais jamais capable de tenir le coup. Pense à ta santé, Alexis... surtout à ta santé mentale.

● Oui, Alexis, tu vas faire un burnout, si tu continues comme ça. Et puis, il faudrait que tu te mettes à faire du sport. En faisant un peu d'activité physique, tu te sentirais mieux, tu serais plus productif et moins stressé.

▲ Mais Guillaume, comment tu fais, toi, pour aller si souvent au club de fitness ? En tant que courtier, tu dois pas avoir beaucoup de temps, toi non plus.

● Oui, mais on le trouve, le temps, quand c'est important. J'ai souvent des horaires chargés, c'est vrai, et moi aussi j'ai beaucoup de pression, mais c'est justement d'aller à la salle de sport qui m'aide à me détendre. En m'organisant bien, j'arrive à m'entrainer quatre fois par semaine.

◆ Quatre fois par semaine ?

● Oui. Et les autres jours, je fais un footing avant d'aller au bureau. Je fais mon jogging en écoutant de la musique ou un podcast, comme ça, je ne vois pas le temps passer. Mais j'aime bien faire du sport avec des amis aussi. En s'entrainant à deux, on est plus motivé. Alors Alexis, je passe te chercher demain matin pour un footing ?

■ Oh non. Le jogging, c'est pas mon truc. Et puis, il fait trop froid en ce moment.

▲ Alors, tu pourrais faire du yoga, comme moi. Tu sais Alexis, il y a quelques temps, j'étais dans la même situation que toi. J'avais énormément de travail au bureau et je me sentais vraiment pas bien : toujours fatiguée, toujours de mauvaise humeur. Alors j'ai compris que je devais faire quelque chose pour ma santé et j'ai décidé de me mettre au yoga.

■ Mais je sais jamais à quelle heure je finis, le soir, alors je peux pas suivre un cours hebdomadaire.

▲ Oui, moi aussi, j'hésitais à m'inscrire à un cours régulier et puis, en parlant à un collègue du bureau, j'ai appris qu'il existait des cours sur Internet. J'ai tout de suite fait ma petite recherche et je suis tombée sur le site « Yoga et Isidore ».

◆ Tu veux dire que tu suis maintenant des cours de yoga en ligne ?

▲ Non, pas tout à fait. Le professeur télécharge des vidéos qui durent entre 15 et 50 minutes, dans lesquelles il explique les exercices et les positions. On peut choisir entre différents niveaux et différentes routines. Alors, quand on n'a pas beaucoup de temps, par exemple, on peut choisir un cours qui dure seulement un quart d'heure. Donc, plus d'excuse pour ne rien faire.

◆ Tiens, tiens... Même le sport passe au numérique... C'est pratique. Il suffit d'un tapis de gymnastique et d'une connexion Internet.

▲ Oui, et ce qui est super, c'est que c'est gratuit. Le professeur finance son site Internet en faisant de la publicité pour certains produits qu'il utilise pendant ses cours comme des tapis de yoga ou sa smartwatch.

■ Et tu dis que tu te sens mieux depuis que tu fais du yoga ?

▲ Oui. Je suis plus calme. Je m'énerve moins facilement et je suis moins angoissée surtout. Le yoga m'a permis de me détendre et de prendre mes petits problèmes moins au sérieux. Et puis, en pratiquant le yoga, je me suis musclée. Je commence à avoir de bons biceps et je suis plus souple qu'avant.

● Pour moi, faire du sport, ça veut dire me dépenser, transpirer, bouger. Faire seulement des exercices de yoga, je ne crois pas que ça me suffirait.

■ Oui, mais ce serait peut-être intéressant pour moi. J'ai besoin d'une activité qui me permettrait de me vider la tête et de penser à autre chose qu'au travail.

▲ Alors là, crois-moi, en faisant des exercices de yoga, t'es tellement concentré que t'as pas le temps de penser à tes problèmes.

◆ Mélissa a raison. Pas besoin de faire un exercice physique intense pour se vider la tête. Moi, je ne fais pas de yoga, mais je pratique la pleine conscience depuis un an.

● Ah bon. Et qu'est-ce que c'est ? Une nouvelle mode ?

◆ Non, pas du tout. C'est une forme de méditation qui vient du bouddhisme, mais qui a été développée et popularisée dans les années 70 par un groupe de scientifiques américains. Pratiquer la pleine conscience, ça veut dire se concentrer sur le moment présent, en prenant conscience de ses sensations par exemple ou en étant attentif aux bruits qui nous entourent, mais sans les interpréter ou les juger. En tout cas, moi, ça m'aide énormément à me débarrasser de mes pensées négatives.

▲ Oui, je crois que j'en ai déjà entendu parler.

■ Et comment ça se passe en pratique, Malika ? Qu'est-ce que tu fais concrètement ?

◆ Normalement, je fais ça le soir, quand je rentre de l'hôpital ou le matin avant le travail. Je baisse la lumière et je m'assois en tailleur. Je ferme les yeux, je me détends et je me concentre sur ma respiration. J'inspire et j'expire. Je prends conscience de mon corps dans l'ici et le maintenant, en essayant de laisser passer toutes les idées qui me viennent à l'esprit, sans m'y arrêter. Après quelques minutes, tout disparait autour de moi et je me sens simplement bien, dans le moment présent.

● Peut-être que ça fonctionne pour toi, mais je crois que moi, je m'endormirais au bout de quelques secondes. Allez Alexis, viens faire du jogging avec moi !

■ Non, en y réfléchissant bien, je crois que la pleine conscience, c'est exactement ce que je cherche. En tout cas, ça m'a donné envie d'essayer.

◆ Et si tu veux, je peux te prêter des livres et des vidéos sur le sujet. Tu vas voir, c'est vraiment intéressant.

Les amis d'Alexis lui proposent quelques activités pour
☒ lutter contre le stress ☒ ne plus penser à ses problèmes.

55 **2d Lösung**

le yoga: Mélissa; le jogging: Guillaume; le fitness: Guillaume;
la pleine conscience: Malika

56 **2e Lösung**

1. En m'organisant bien, — e. j'arrive à m'entrainer quatre fois par semaine.
2. Je fais mon jogging — d. en écoutant de la musique ou un podcast.
3. En s'entrainant à deux, — a. on est plus motivé.
4. En parlant avec un collègue, — b. j'ai appris qu'il existait des cours de yoga sur Internet.
5. En faisant du yoga, — c. je me suis musclée.

57 **2f Lösung**

1. ■ J'ai rencontré Éric il y a quelques jours et, dis donc... il a perdu du poids !
   ● Oui, il a perdu quelques kilos en faisant du jogging quatre fois par semaine.
2. ■ J'ai vu Suzanne la semaine dernière et elle avait l'air vraiment détendu.
   ● Oui, elle a appris à se détendre en méditant et en pratiquant la pleine conscience.
3. ■ J'ai rencontré Yvon il n'y a pas longtemps et il avait l'air en pleine forme !
   ● Oui, il a amélioré sa condition physique en faisant du sport régulièrement.

G3 Mon médecin dit toujours...

▶ 58 **3a Hören Sie das Telefonat zwischen Pierre und Albert. Welche Fotos passen zu den Beschwerden, die Albert schildert?**

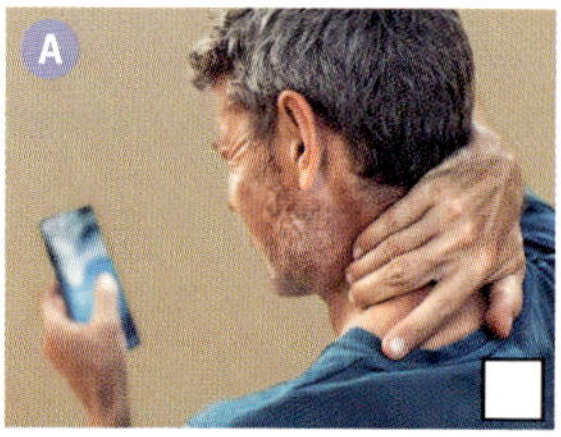

☐

☐

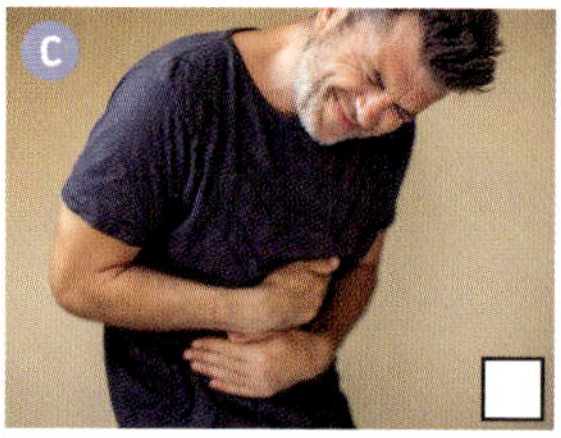

☐

☐

▶ 58 **3b Hören Sie das Telefonat noch einmal und entscheiden Sie, welche Option jeweils passt.**

1. Pierre croit qu'Albert dort mal ☐ parce que son matelas est mauvais. ☐ parce qu'il mange trop avant d'aller au lit.
2. Le médecin d'Albert veut qu'il fasse ☐ une IRM (imagerie à résonance magnétique). ☐ une radiologie.
3. Albert prend ☐ de la cortisone ☐ des granules homéopathiques ☐ de l'ibuprofène pour soulager la douleur.
4. Pierre conseille à Albert de consulter ☐ un médecin orthopédiste. ☐ un acuponcteur.
5. Les traitements d'ostéopathie sont remboursés par ☐ la sécurité sociale. ☐ certaines assurances maladie complémentaires.

▶ 58 **3c Hören Sie das Telefonat noch einmal und kreuzen Sie richtig oder falsch an.**

	vrai	faux
1. Le médecin de Pierre dit toujours qu'il faut faire attention avec les analgésiques.	☐	☐
2. La voisine de Pierre dit que l'acuponcture est très efficace contre les allergies.	☐	☐

3. Albert demande à Pierre quelle est la différence entre un ostéopathe et un kinésithérapeute. ☐ ☐
4. Albert dit que sa mutuelle rembourse les thérapies alternatives. ☐ ☐
5. Albert veut savoir si Pierre est satisfait de son médecin traitant. ☐ ☐

▶ 59 **3d Fabienne telefoniert mit einer Freundin, um von einer gemeinsamen Bekannten zu berichten. Übernehmen Sie Fabiennes Rolle.**

■ Ah, bonjour Fabienne ! Ça va ?

Sie erzählen, dass Sie heute Morgen mit Simone gesprochen haben und drücken Mitleid mit ihr aus. Simone sagt, dass sie seit einigen Wochen Magenschmerzen hat. Sie ist zum Arzt gegangen und er hat ihr ein Medikament verschrieben, aber die Behandlung (= le traitement) *funktioniert nicht.*

● *Ça va, mais j'ai* ____________________

■ Elle devrait aller voir un praticien ayurvédique.

Ihre Freundin sagt immer, dass man einen ayurvedischen Arzt konsultieren soll, aber Sie fragen sich, ob diese Methode wirklich wirksam ist.

● *Tu* ____________________

■ Mais bien sûr que c'est efficace ! Mon beau-père a eu des problèmes de digestion pendant des années et depuis qu'il est traité par un spécialiste de l'ayurvéda, il n'a plus aucun problème.

Sie wenden ein, dass aber die ayurvedischen Therapien von der Krankenversicherung nicht anerkannt werden und dass viele Ärzte sagen, dass es sich nicht um eine echte Wissenschaft handelt.

● ____________________

■ L'important, c'est que ça marche, non ? En tout cas, moi, je pense que c'est une bonne méthode complémentaire.

G3 Mon médecin dit toujours...

▶ 58 3a Text / Lösung

■ Oui allo !

● Allo Albert ! C'est Pierre. Ça va ?

■ Bof... Je suis super fatigué. Je dors pas bien ces temps-ci et j'ai encore fait de l'insomnie la nuit dernière.

■ Oh, pauvre de toi. Qu'est-ce qui se passe ?

● Je sais pas. Le soir, j'ai du mal à m'endormir et j'ai l'impression de passer la nuit à me tourner et me retourner. Vers cinq heures du matin, je me réveille avec un mal de cou épouvantable et je ne suis plus capable de me rendormir.

■ Peut-être que tu t'endors dans une mauvaise position ou que ton matelas n'est pas adapté. Il est peut-être trop mou ou trop dur.

● Non, je pense pas. J'ai le même matelas depuis des années et j'ai jamais eu de problèmes au cou jusqu'à maintenant.

■ Est-ce que tu as mal ailleurs ? Au dos, par exemple ?

● Non, pas au dos, mais l'après-midi, j'ai souvent mal à la tête, une sorte de migraine qui dure jusqu'au soir. C'est d'ailleurs souvent ce qui m'empêche de dormir.

■ Es-tu allé voir le médecin ?

● Oui. J'y suis allé la semaine dernière, mais il veut que je fasse une IRM et mon rendez-vous est dans trois semaines. Alors, en attendant, je prends des antidouleurs à base d'ibuprofène et ça aide un peu, mais mes maux de tête reviennent toujours.

■ Tu sais que tu dois faire très attention avec ce genre de médicaments. Mon médecin dit toujours qu'il ne faut pas prendre d'analgésiques trop longtemps parce que certains créent une dépendance. Tu veux pas essayer les médecines douces ? Contre tes maux de tête, tu pourrais essayer l'acuponcture, par exemple.

● Je sais pas trop. J'ai jamais essayé et je voudrais d'abord savoir si ça fonctionne.

■ Mais bien sûr que ça fonctionne. Ma voisine se fait régulièrement traiter par son acuponcteur et elle dit que c'est très efficace contre ses migraines. Et j'ai lu quelque part que c'était même plus efficace que certains médicaments. On se demande vraiment pourquoi si peu de gens choisissent ces traitements.

● J'avoue que les médecines alternatives, ça m'inspire pas trop confiance. Mon mal de cou est probablement musculaire. Il faut simplement que j'apprenne à me détendre. Je suis sûr que mon médecin va m'envoyer chez le kinésithérapeute.

■ Si ton problème de cou est musculaire, tu pourrais consulter un ostéopathe en attendant.

- Un ostéopathe... Excuse-moi, mais quelle est la différence entre un kiné et un ostéopathe ?
- Eh bien le kiné, c'est un professionnel de la santé, un représentant de la médecine conventionnelle et l'ostéopathe, lui... il...heu... Attends, je regarde sur Internet... Alors, ils écrivent qu'en ostéopathie, on utilise seulement des techniques manuelles et qu'on traite le corps dans son ensemble. Le kiné, lui, va se concentrer sur la partie du corps qui fait mal et il peut utiliser des appareils pour effectuer le traitement. Ils disent aussi que l'ostéopathie n'est pas prescrite par les médecins.
- Donc, elle n'est pas remboursée par la sécurité sociale.
- Attends, je vérifie... Alors sur le site, ils disent que certaines assurances maladie complémentaires la remboursent et ils conseillent de consulter le site web de sa mutuelle pour avoir plus d'informations.
- Ben, je crois pas que ma mutuelle prenne ces traitements en charge. Alors ça me couterait une fortune de commencer ça.
- Mais est-ce que tu veux continuer à avoir mal ou tu veux trouver une solution ? La santé, c'est important. Et puis, ça finira par te couter encore plus cher, si ton problème s'aggrave et si tu dois arrêter de travailler. On dit toujours que la santé, c'est ce qu'il y a de plus précieux.
- Mmh... Dis donc, ton médecin traitant, il est bien ?
- Oui, il est super et il a une formation supplémentaire en homéopathie, alors il connait très bien les médecines douces. Ce que j'apprécie surtout, c'est qu'il prend toujours le temps de m'écouter quand j'ai un problème de santé. Il me pose beaucoup de questions avant de me prescrire un médicament ou un traitement et j'ai totalement confiance en lui.
- Mais, l'homéopathie, c'est pas une méthode scientifiquement reconnue. Les recherches sur le sujet sont encore très limitées et certaines études disent même que ces médicaments ne sont pas plus efficaces qu'un placebo. Ça ne t'inquiète pas ?
- Ben, disons que si j'avais une maladie grave comme le cancer ou l'hépatite, je préfèrerais que mon médecin me prescrive autre chose que des granules homéopathiques. Mais sinon, l'important pour moi, c'est que ça marche et qu'il n'y ait pas d'effets secondaires. Mais je vois bien que tu préfères continuer à prendre de l'ibuprofène...
- Eh bien, je vais commencer par passer mon IRM et je verrai après. Mais, dis donc, tu m'appelais pourquoi au juste ?
- Ah oui. Alors, c'est l'anniversaire de Toni la semaine prochaine et on lui prépare une fête-surprise. Je t'appelais pour savoir si...

Zum Dialog passen die Fotos A und D.

▶ 58 **3b Lösung**

1. Pierre croit qu'Albert dort mal ☒ parce que son matelas est mauvais.
2. Le médecin d'Albert veut qu'il fasse ☒ une IRM.
3. Albert prend ☒ de l'ibuprofène pour soulager la douleur.
4. Pierre conseille à Albert de consulter ☒ un acuponcteur.
5. Les traitements d'ostéopathie sont remboursés par ☒ certaines assurances maladie complémentaires.

▶ 58 **3c Lösung**

	vrai	faux
1. Le médecin de Pierre dit toujours qu'il faut faire attention avec les analgésiques.	☒	☐
2. La voisine de Pierre dit que l'acuponcture est très efficace contre les allergies.	☐	☒
Elle dit que l'acuponcture est très efficace contre les migraines.		
3. Albert demande à Pierre quelle est la différence entre un ostéopathe et un kinésithérapeute.	☒	☐
4. Albert dit que sa mutuelle rembourse les thérapies alternatives.	☐	☒
Albert dit qu'il croit que sa mutuelle ne rembourse pas les thérapies alternatives.		
5. Albert veut savoir si Pierre est satisfait de son médecin traitant.	☒	☐

▶ 59 **3d Text / Lösung**

■ Ah, bonjour Fabienne ! Ça va ?

● *Ça va, mais j'ai parlé à Simone ce matin. La pauvre ! Elle dit qu'elle a des maux d'estomac depuis quelques semaines. Elle est allée chez le médecin et il lui a prescrit un médicament, mais le traitement ne fonctionne pas.*

■ Elle devrait aller voir un praticien ayurvédique.

● *Tu dis toujours qu'il faut consulter un médecin ayurvédique, mais je me demande si cette méthode est vraiment efficace.*

■ Mais bien sûr que c'est efficace ! Mon beau-père a eu des problèmes de digestion pendant des années et depuis qu'il est traité par un spécialiste de l'ayurvéda, il n'a plus aucun problème.

● *Mais les thérapies ayurvédiques ne sont pas reconnues par l'assurance maladie et beaucoup de médecins disent qu'il ne s'agit pas d'une vraie science.*

■ L'important, c'est que ça marche, non ? En tout cas, moi, je pense que c'est une bonne méthode complémentaire.

H En route !

H1 Un circuit de 150 kilomètres

▶ 60 **1a Ludo und Karim stellen in ihrem Podcast die Fahrradroute *Voie 2 de Bretagne* vor. Welche der folgenden Bauwerke werden im Dialog erwähnt ?**

☐ un phare

☐ un moulin

☐ une écluse

☐ une abbaye

▶ 60 **1b Hören Sie den Reise-Podcast noch einmal und ergänzen Sie zunächst nur die Etappen mit den folgenden Zwischenzielen.**

Dinard • Messac • Tinténiac • Léhon

	1re étape : Redon – __________ – Rennes
☐	*À Redon, on peut visiter l'abbaye Saint-Sauveur et* __________
	2e étape : Rennes – __________ – __________ – Dinan
1	*À Rennes,* __________
	3e étape : Dinan – __________ – Saint-Malo
☐	*Dinan est* __________

▶ 60 **1c Hören Sie den Podcast so oft wie nötig, um in der Tabelle oben zu ergänzen, was es bei den Etappen zu sehen gibt bzw. was man dort machen kann.**

H

▶ 61 **1d Hören Sie nun die Fortsetzung des Reise-Podcasts. Worüber sprechen die beiden Moderatoren jetzt hauptsächlich?**

Dans la seconde partie du podcast, les animateurs parlent ☐ de différentes formes d'hébergement pour les cyclotouristes. ☐ de différents types de vélos.

▶ 61 **1e Hören Sie den zweiten Teil des Podcasts noch einmal und kreuzen Sie an.**

1. En France, ☐ presque tous les hôtels ☐ de plus en plus d'hôtels accueillent des cyclotouristes.
2. Les hôtels qui détiennent le label « vélosympa » proposent
   ☐ des locaux sécurisés pour les vélos. ☐ des outils pour réparer son vélo.
   ☐ un service de massage pour récupérer après l'effort physique.
   ☐ un petit déjeuner copieux.
3. « Warm showers » est une forme d'hébergement
   ☐ pour tous les touristes. ☐ seulement pour les touristes à vélo.
4. Le site de « Warm showers » regroupe des membres de
   ☐ tous les pays ☐ des pays de l'Union européenne
   et propose des hébergements ☐ bon marché. ☐ gratuits.
5. Pour plus de sécurité, il est conseillé de ☐ lire les commentaires en ligne
   ☐ vérifier les règles de la maison avant de contacter un hôte.

▶ 62 **1f Die Moderatoren des Reise-Podcasts laden ihre Abonnenten ein, von ihren Reiseerlebnissen zu berichten. Sie haben sich dort gemeldet, um über Ihre Reise ins Elsass zu sprechen. Beantworten Sie die Fragen mithilfe des Beispiels sowie der Reiseroute samt Aktivitäten auf der folgenden Seite.**

Beispiel:

■ Bienvenue sur « Globetrotter France ». Aujourd'hui, nous allons parler d'un itinéraire à vélo le long de la route des vins en Alsace. Et, si j'ai bien compris, vous venez d'Allemagne et vous avez commencé votre circuit vélo à Strasbourg. C'est ça ?

	Reiseverlauf	**Was haben Sie gesehen / gemacht?**
	Straßbourg: sehr gut angebunden; mit dem Zug oder mit dem Auto dorthin fahren können	einen halben Tag dort verbracht; die Kathedrale Notre-Dame und das Viertel *Petite France* besichtigt

● Oui. Strasbourg est très bien desservie. On peut y aller en train ou en voiture. Nous avons passé une demi-journée à Strasbourg et nous avons visité la cathédrale Notre-Dame et le quartier de la Petite France.

	Reiseverlauf	**Was kann man sehen / machen?**
	von Straßburg aus: dem Fahrradweg des *Canal de la Bruche* bis Molsheim gefolgt; dort die *véloroute des vignobles d'Alsace* bis Obernai genommen	in Obernai: die *Place du Beffroi* besucht; die Spezialität *le Ropfkueche* probiert
	nach Süden Richtung Kintzheim weitergefahren	Kintzheim: zur *Montagne des singes* gegangen, wo man Berberaffen *(= magots)* sehen kann
	nach Kintzheim die *véloroute* verlassen, um nach Orschwiller zu fahren	in Orschwiller: die Burg *Haut-Koenigsbourg* besichtigt; Picknick gemacht
	nach Orschwiller 40 Minuten Richtung Süd-Westen bis Riquewihr gefahren *(= rouler)*	in Riquewihr: alte Fachwerkhäuser und hübsche Brunnen gesehen; spazieren gegangen und eine Weinprobe gemacht
	Colmar: unser Endziel; von Riquewihr aus muss man einfach der *véloroute* folgen	in Colmar: eine interessante Stadtführung gemacht; wenn man mehr Zeit hat: man kann auch das *musée Unterlinden* besuchen

H1 Un circuit de 150 kilomètres

▶ 60 1a Text / Lösung

- ■ Bonjour et bienvenue sur « Globetrotter France », votre podcast de voyage avec Karim et Ludo. Cette semaine, nous nous penchons sur un phénomène de plus en plus populaire en France : le cyclotourisme.
- ● Eh oui, Ludo ! De plus en plus de gens décident de découvrir la France à vélo. Et ils ont raison. Le réseau de pistes cyclables est bien développé, avec des voies vertes qui vous emmènent dans des endroits magnifiques : au bord de la mer, dans des paysages de montagne ou à travers des villages pittoresques et romantiques.
- ■ Alors aujourd'hui, nous voulons vous faire découvrir un circuit de trois à cinq jours : la Voie 2 de Bretagne. Il s'agit d'une voie verte aménagée sur des routes sécurisées. La voie 2 de Bretagne est plate et donc accessible à tous les cyclistes. Et elle s'étend sur près de 150 kilomètres, de Redon à Saint-Malo, en passant par Rennes et Dinan.
- ● Oui, Ludo, et Redon est le point de départ idéal, car la ville est facile d'accès, peu importe le moyen de transport choisi. Pour ceux et celles qui arriverons en train, c'est pratique : la gare se trouve juste à côté de la piste cyclable qu'ils suivront. Mais, Redon est aussi une très jolie ville et ça vaut la peine d'aller y faire un tour. On peut visiter l'abbaye Saint-Sauveur, par exemple, autour de laquelle la ville s'est développée, ou on peut simplement flâner dans le quartier du port avec ses hôtels particuliers historiques.
- ■ Et puis, le circuit commence ! De Redon, on roule d'abord sur les quais de la rivière Vilaine et puis, on continue sur les chemins de halage en direction de Messac.
- ● Oui, ces chemins de halage sont d'anciennes routes au bord de l'eau d'où les chevaux tiraient les bateaux autrefois. Et le chemin de halage de la Vilaine est magnifique avec ses nombreuses écluses, ses moulins et ses villages charmants qui rythment la route jusqu'à Messac.
- ■ Alors c'est agréable de prendre son temps et de s'arrêter pour regarder les bateaux passer les écluses ou pour visiter un moulin. On comptera donc au moins deux heures de Redon à Messac. Là, on peut s'arrêter déjeuner. Il y a des bistrots sympas et de belles aires à piquenique. Et puis, l'après-midi, on repart pour Rennes.
- ● Oui, mais n'oublions pas que le trajet de Messac à Rennes dure un peu plus de trois heures. Des cyclistes expérimentés feront l'étape Redon-Rennes en une journée. Cependant, une famille avec de jeunes enfants ou des voyageurs qui aiment prendre leur temps feront mieux de planifier deux jours pour faire cette partie du trajet, donc de passer la première nuit à Messac et de faire le reste du trajet le lendemain.
- ■ Et personnellement, je trouve qu'il faut aussi prendre son temps à Rennes. Le mieux, c'est de visiter la ville un samedi pour ne pas manquer le marché des Lices et en profiter pour gouter la fameuse « galette saucisse ». Je vous recommande aussi de faire une promenade dans le Parc du Thabor. Ce lieu est magnifique, avec ses différents jardins, sa grotte, son kiosque à musique et sa roseraie exceptionnelle.

- Et après Rennes, l'itinéraire se poursuit sur le canal d'Ille et Rance vers Dinan. À mi-chemin, donc environ à 30 km de Rennes, on arrive à Tinténiac où on peut visiter le musée de l'outil et des métiers. On peut y voir des instruments et des machines d'époque et on apprend plein de choses.
- On continue ensuite sur les chemins de halage le long du canal de l'Ille et Rance en direction de Dinan. Sur cette partie du trajet, les paysages varient énormément et c'est un plaisir de s'arrêter pour les admirer ou faire des photos. Juste avant Dinan, on peut aussi faire une pause dans un petit village romantique et fleuri : Léhon. Beaucoup de voyageurs en profitent pour y visiter l'impressionnante abbaye, qui est un joyau d'architecture gothique.
- Et après Léhon, plus que deux kilomètres avant d'arriver à Dinan, la destination de la journée. Il s'agit d'une ville médiévale entourée de près de trois kilomètres de remparts. Ceux et celles qui auront encore de l'énergie pourront donc y faire une belle promenade ou même monter dans la tour de l'horloge dont la vue est tout simplement imprenable.
- Le lendemain, de Dinan, on empruntera la piste qui s'éloigne du canal pour accéder à une ancienne voie ferrée. C'est elle qui vous permettra de rejoindre votre prochaine étape : Dinard.
- Oui, Dinard, la « Perle de la Côte d'Émeraude ». C'est un de mes coups de cœur avec ses nombreuses villas et ses hôtels luxueux. La plage aussi est charmante avec ses petites cabanes colorées : l'endroit idéal pour une baignade.
- Et finalement, de Dinard, on peut prendre le ferry ou prolonger son itinéraire à vélo par la vallée de la Rance pour rejoindre Saint-Malo, la destination finale de ce circuit.

☒ un moulin ☒ une écluse ☒ une abbaye

▶ 60 **1b / 1c Lösung**

1re étape : Redon – Messac – **Rennes**
À Redon, on peut visiter l'abbaye Saint-Sauveur et le quartier du port. Sur la route, on peut voir des écluses, des moulins et des villages charmants. À Messac, on peut faire un piquenique ou déjeuner dans un bistrot.
2e étape : Rennes – Tinténiac – Léhon – **Dinan**
À Rennes, on peut déguster une « galette saucisse » au Marché des Lices et se promener dans le Parc du Thabor. À Tinténiac, on peut visiter le musée de l'outil et des métiers. Léhon est un petit village romantique et fleuri où il y a une abbaye gothique.
3e étape : Dinan – Dinard – **Saint-Malo**
Dinan est une ville médiévale entourée de remparts. On peut monter dans la tour de l'horloge. À Dinard, il y a beaucoup de villas privées et des hôtels luxueux. On peut se promener sur une plage où il y a de petites cabanes colorées.

▶ 61 1d Text / Lösung

- ■ Une fois le circuit établi, il est nécessaire de bien choisir son hébergement.
- ● Oui, surtout si vous n'avez pas encore beaucoup d'expérience, ça vaut la peine de choisir un hôtel adapté à vos besoins. Justement, depuis quelques années, de plus en plus d'hôtels se spécialisent dans l'accueil des touristes à vélo. Ils sont regroupés sous le label « vélosympa » et ils proposent différents services aux cyclistes.
- ■ En effet, les hôtels qui détiennent ce label sont adaptés à la pratique du cyclotourisme. Ils ont, par exemple, un local sécurisé pour abriter les vélos et prêtent des outils de réparation. La plupart proposent aussi des cartes et des circuits touristiques et bien sûr, un petit déjeuner copieux pour bien commencer la journée.
- ● Ah oui, car c'est important de faire le plein d'énergie avant de se mettre en route. Et, est-ce qu'on peut aussi s'attendre à un service de massage pour ceux et celles qui auraient des courbatures ?
- ■ Non, malheureusement, ce genre de service n'est pas encore offert dans ces hôtels, mais qui sait ? Peut-être qu'un propriétaire nous écoute en ce moment et le proposera bientôt...
- ● Qui sait ? ... Et pour les autres cyclistes qui préfèreraient des formes d'hébergement plus simples, il y a bien sûr le camping, parfait pour les amateurs de plein-air et les voyageurs à petit budget.
- ■ Et une autre option intéressante pour ceux et celles qui ne veulent pas dépenser trop d'argent, mais qui ne veulent pas non plus renoncer au confort d'une chambre, c'est le site « Warm showers ». Il s'agit d'un site Internet qui s'adresse seulement aux cyclistes et qui les met en relation avec d'autres vélophiles prêts à les accueillir gratuitement pour une ou quelques nuits.
- ● Alors, ça fonctionne à peu près comme le couchsurfing ?
- ■ Oui, mais c'est seulement pour ceux et celles qui voyagent à vélo. Le système est très simple. On doit s'inscrire sur le site et être prêt à proposer un lit – et bien sûr une douche chaude – aux voyageurs. En échange, on peut demander à être hébergé par d'autres membres et ce, dans le monde entier, étant donné que le site est une plateforme internationale. Une fois inscrits sur le site, les cyclistes ont accès à une carte interactive qui leur permet de trouver un logement dans la région où ils voyagent.
- ● Et j'imagine qu'on rencontre des gens très intéressants, surtout entre passionnés de vélo. Mais il ne faut pas oublier non plus que « Warm showers » se base sur le principe de la confiance réciproque. Pour plus de sécurité, il est donc conseillé de lire les commentaires en ligne avant de contacter un hôte.

Dans la deuxième partie du podcast, les animateurs parlent ☒ de différentes formes d'hébergements pour les cyclistes.

▶ 61 **1e Lösung**

1. En France, ☒ de plus en plus d'hôtels accueillent des cyclotouristes.
2. Les hôtels qui détiennent le label « vélosympa » proposent
   ☒ des locaux sécurisés pour les vélos. ☒ des outils pour réparer son vélo.
   ☒ un petit déjeuner copieux.
3. « Warm showers » est une forme d'hébergement
   ☒ seulement pour les touristes à vélo.
4. Le site de « Warm showers » regroupe des membres de
   ☒ tous les pays et propose des hébergements ☒ gratuits.
5. Pour plus de sécurité, il est conseillé de
   ☒ lire les commentaires en ligne avant de contacter un hôte.

▶ 62 **1f Text / Lösung**

■ Oui, le centre-ville de Strasbourg est entièrement inscrit au patrimoine mondial de l'UNESCO depuis 1988. Ça vaut la peine de le visiter. Et où êtes-vous allé/e ensuite ?

● *De Strasbourg, nous avons suivi la piste cyclable du Canal de la Bruche jusqu'à Molsheim. Là, on a pris la véloroute des vignobles d'Alsace jusqu'à Obernai où nous avons visité la Place du Beffroi et gouté à la spécialité « Ropfkueche ».*

■ Oui, le « Ropfkueche », cette fameuse brioche aux noix et à la crème. Et après Obernai ?

● *On a continué vers le sud en direction de Kintzheim. Là, nous sommes allés à la « Montagne des Singes » où on peut voir des magots.*

■ En effet, Kintzheim est une destination intéressante pour les amateurs d'animaux. On peut y admirer des singes, mais aussi des oiseaux de proie à la « Volerie des Aigles » du château. Et ensuite, avez-vous continué sur la véloroute ?

● *Non. Après Kintzheim, nous avons quitté la véloroute pour aller à Orschwiller où nous avons visité le château du Haut-Koenigsbourg et fait un piquenique.*

■ Oui, Orschwiller est un village historique magnifique non seulement pour son château, mais aussi pour ses petites rues pittoresques aux belles maisons à pans de bois. Et quelle était l'étape suivante, après Orschwiller ?

● *Après Orschwiller, nous avons roulé 40 minutes vers le sud-ouest jusqu'à Riquewihr. Là, nous avons vu de vieilles maisons à pans de bois et de jolies fontaines. Nous nous sommes promenés et nous avons fait une dégustation de vins.*

■ En effet, Riquewihr, la « perle du vignoble », est réputée pour son patrimoine architectural et bien sûr, pour son vin blanc. Et quelle était votre destination finale ?

● *Colmar était notre destination finale. De Riquewihr, il faut simplement suivre la véloroute. À Colmar, nous avons fait une visite guidée intéressante. Si on a plus de temps, on peut aussi visiter le musée Unterlinden.*

■ Et pour ceux et celles qui auraient quelques jours de vacances supplémentaires, la véloroute du vignoble d'Alsace se poursuit jusqu'à Thann. Merci énormément d'avoir participé à cet épisode de « Globetrotter France ». Et maintenant...

H2 Ça n'arrive bien qu'à vous !

▶ 63 **2a Florent berichtet von seiner letzten Urlaubsreise. Welche Zusammenfassung passt zu seiner Erzählung?**

☐ Julien et Florent ont manqué leur avion et ne sont pas arrivés à destination.

☐ Julien et Florent ont réussi à attraper leur avion et sont bien arrivés à destination.

▶ 63 **2b Hören Sie Florents Erzählung erneut und kreuzen Sie an.**

1. Julien avait oublié ☐ de prendre son passeport avec lui. ☐ de mettre le réveil.
2. Sur l'autoroute, il y avait ☐ des travaux. ☐ un accident.
3. ☐ Ils ont dû attendre longtemps aux contrôles. ☐ Ils ont passé les contrôles sans problèmes.
4. À l'aéroport, ils ont appris que leur vol ☐ avait plusieurs heures de retard. ☐ avait été annulé.

▶ 63 **2c Vervollständigen Sie nun das Gespräch mit den folgenden Ausdrücken. Hören Sie anschließend zur Kontrolle.**

Non, c'est pas vrai ! • Ne me dis pas que… • Ah bon ! Raconte ! • Oh, mes pauvres ! • Et qu'est-ce qui s'est passé ensuite ?

■ Alors Florent, ton voyage en Turquie, ça s'est bien passé ?

● Oh, ne m'en parle pas ! On n'a eu que des ennuis.

■ ______________________________

● Ben, on a eu des problèmes pendant tout le voyage ! Surtout la première journée a été une véritable catastrophe ! Imagine, le matin de notre départ, on s'est réveillés trop tard.

■ ______________________________ Mais ça vous était pas déjà arrivé une fois ?

● Ouais, c'est bon ! Cette fois-ci, c'est notre réveil qui a pas sonné, ou plutôt Julien avait oublié de le mettre et on s'est réveillés deux heures avant le décollage. Alors, la panique ! Pas le temps de prendre le petit déjeuner. On est tout de suite montés dans le taxi pour aller à l'aéroport et évidemment, il y avait des travaux sur l'autoroute et un bel embouteillage.

■ ______________________________ vous avez été coincés dans un bouchon et que vous avez manqué votre avion…

● Non, heureusement. On est arrivés à l'heure malgré tout. Alors, on a procédé à l'enregistrement et on a passé les contrôles. Tout semblait bien aller et puis, arrivés à la porte, on nous a annoncé que le vol avait quatre heures de retard.

■ ______________________________ Ben, au moins, vous avez pu dormir un peu plus longtemps ce jour-là. Quatre heures de retard, c'est énervant, bien sûr, mais ça peut arriver...

● Oui, sauf que c'est seulement UNE de nos mésaventures. Finalement, les quatre heures ont passé assez vite. On en a profité pour faire un peu de shopping à l'aéroport et on a mangé un petit quelque chose.

■ ______________________________ Vous avez pu monter dans l'avion ?

● Oui. Le vol s'est bien passé. On a atterri à Istanbul en fin d'après-midi. Mais à peine arrivés, un autre malheur nous attendait.

■ Oh non ! Vos valises avaient été perdues ?

▶ 64 **2d Hören Sie nun die Fortsetzung des Gesprächs: Was war das nächste Problem?**

À son arrivée, Florent a eu des problèmes à cause de ☐ son visa. ☐ sa photo de passeport. ☐ la durée de validité de son passeport.

▶ 64 **2e Hören Sie die Fortsetzung erneut. Welche Aussagen dazu sind richtig und welche falsch?**

	vrai	faux
1. Florent a pu passer le sas à reconnaissance faciale sans problème.	☐	☐
2. Les deux policiers étaient sympas et parlaient anglais.	☐	☐
3. Un policier a interrogé Florent pendant trois-quarts d'heure.	☐	☐
4. Sur sa photo de passeport, Florent avait les cheveux longs et une barbe.	☐	☐
5. Le système de reconnaissance faciale de l'aéroport a confondu Florent avec un criminel.	☐	☐
6. Le policier n'a pas présenté ses excuses à Florent.	☐	☐

▶ 63 64 **2f Hören Sie die gesamte Unterhaltung erneut. Welche(n) der folgenden Ausdrücke verwendet man, um ...**

Ne me dis pas que... • Et puis ? • Quelle histoire ! • Oh mes pauvres ! • Tu sais que... • Non, c'est pas vrai ! • Tu plaisantes ! • Et qu'est-ce qui s'est passé ensuite ? • Tu veux dire que... • Il faut dire que... • Donc... • C'est pas possible ! • Et comment ça s'est terminé, tout ça ? • Raconte ! • Mon pauvre Florent ! • J'imagine, oui !

1. ... jemanden aufzufordern, etwas zu erzählen / weiterzuerzählen: ______________________

____

____

2. ... eine Antwort / Aussage vorwegzunehmen: ______________________

____

3. ... zusätzliche relevante Informationen hinzuzufügen: ______________________

____

4. ... Erstaunen und Überraschung über das Gehörte auszudrücken: ______________________

____

5. ... Mitgefühl / Verständnis auszudrücken: ______________________

____

▶ 65 **2g Reagieren Sie nun mithilfe der Ausdrücke aus Übung 2f passend auf Marie-Claires Reisebericht. Sie beginnen das Gespräch wie im Beispiel angegeben.**

Beispiel:

▲ Alors Marie-Claire, comment s'est passé votre voyage au Portugal ?

◆ Oh, ne m'en parle pas... On n'a vraiment pas eu de chance.

▲ ...

1. Sie fordern Marie-Claire zum Erzählen auf.
2. Sie sind erstaunt.
3. Sie nehmen die Anwort vorweg und denken, dass Marie-Claire und ihr Mann ihre Koffer verloren hatten.
4. Sie sind erstaunt und fragen, was sie dann gemacht haben.
5. Sie zeigen Mitgefühl.

H2 Ça n'arrive bien qu'à vous !

▶ 63 2a Lösung

☒ Julien et Florent ont réussi à attraper leur avion et sont bien arrivés à destination.

▶ 63 2b Lösung

1. Julien avait oublié ☒ de mettre le réveil.
2. Sur l'autoroute, il y avait ☒ des travaux.
3. ☒ Ils ont passé les contrôles sans problèmes.
4. À l'aéroport, ils ont appris que leur vol ☒ avait plusieurs heures de retard.

▶ 63 2c Text / Lösung

■ Alors Florent, ton voyage en Turquie, ça s'est bien passé ?

● Oh, ne m'en parle pas ! On n'a eu que des ennuis.

■ *Ah bon ! Raconte !*

● Ben, on a eu des problèmes pendant tout le voyage ! Surtout la première journée a été une véritable catastrophe ! Imagine, le matin de notre départ, on s'est réveillés trop tard.

● *Non, c'est pas vrai !* Mais ça vous était pas déjà arrivé une fois ?

● Ouais, c'est bon ! Cette fois-ci, c'est notre réveil qui a pas sonné, ou plutôt Julien avait oublié de le mettre et on s'est réveillés deux heures avant le décollage. Alors, la panique ! Pas le temps de prendre le petit déjeuner. On est tout de suite montés dans le taxi pour aller à l'aéroport et évidemment, il y avait des travaux sur l'autoroute et un bel embouteillage.

■ *Ne me dis pas que* vous avez été coincés dans un bouchon et que vous avez manqué votre avion....

● Non, heureusement. On est arrivés à l'heure malgré tout. Alors, on a procédé à l'enregistrement et on a passé les contrôles. Tout semblait bien aller et puis, arrivés à la porte, on nous a annoncé que le vol avait quatre heures de retard.

■ *Oh, mes pauvres !* Ben, au moins, vous avez pu dormir un peu plus longtemps ce jour-là. Quatre heures de retard, c'est énervant, bien sûr, mais ça peut arriver...

● Oui, sauf que c'est seulement UNE de nos mésaventures. Finalement, les quatre heures ont passé assez vite. On en a profité pour faire un peu de shopping à l'aéroport et on a mangé un petit quelque chose.

■ *Et qu'est-ce qui s'est passé ensuite ?* Vous avez pu monter dans l'avion ?

● Oui. Le vol s'est bien passé. On a atterri à Istanbul en fin d'après-midi. Mais à peine arrivés, un autre malheur nous attendait.

■ Oh non ! Vos valises avaient été perdues ?

▶ 64 2d Text / Lösung

- ● Alors... Après l'atterrissage, il fallait passer la frontière. Tu sais que tout est automatisé maintenant, avec le passeport biométrique et un sas à reconnaissance faciale.
- ■ Oui. Normalement, ça fonctionne très bien. On doit scanner son passeport et s'avancer vers une caméra qui prend une photo. L'ordinateur compare ensuite la photo sur ton passeport et celle prise par la caméra. Et dès que l'algorithme a reconnu ton visage, tu peux passer.
- ● Exactement... Alors, j'ai mis mon passeport sur le scanner, j'ai enlevé mes lunettes et je me suis placé devant la caméra et... rien.
- ■ Tu veux dire que la caméra n'a pas réussi à t'identifier ?
- ● C'est ça. J'ai rescanné mon passeport. J'ai repris une photo. J'ai recommencé une, deux, trois fois, mais il n'y avait rien à faire. Pendant ce temps, évidemment, les gens commençaient à s'impatienter derrière moi. C'était vraiment gênant.
- ■ Et puis ?
- ● Et puis, deux policiers sont arrivés. Ils avaient l'air très sérieux, menaçant presque... en tout cas, vraiment pas sympa. Et en plus, ils parlaient très mal anglais, alors au début, j'ai même pas compris ce qu'ils me voulaient. Finalement, un des deux m'a fait signe de venir avec eux, et je les ai suivis.
- ■ Tu plaisantes ! Et ils t'ont emmené où ?
- ● Eh bien, ils m'ont emmené dans une toute petite pièce et ils m'ont d'abord laissé tout seul. Au bout de trente minutes, je commençais un peu à paniquer.
- ■ J'imagine, oui.
- ● Un policier est enfin arrivé et m'a interrogé. Il m'a posé plein de questions sur mon origine, sur mon travail, le but de notre voyage et surtout sur ma photo de passeport. J'ai passé 45 minutes dans cette salle à répondre à leurs questions idiotes.
- ■ Mais alors ? C'était quoi le problème ? Tu n'étais pas recherché par Interpol quand même !
- ● Attends, tu vas voir ! Il faut dire que la photo de mon passeport est assez ancienne. Elle avait été prise il y a quelques années et à l'époque, j'avais les cheveux longs et je n'avais pas de barbe comme aujourd'hui...
- ■ Donc la caméra n'a pas été capable de reconnaitre ton visage parce que tu portes maintenant une barbe et que tu as les cheveux courts ?

- Pas seulement. L'algorithme m'a trouvé une certaine ressemblance avec un criminel recherché à l'international.
- C'est pas possible ! On t'a confondu avec un criminel ? Quelle histoire ! Et comment ça s'est terminé, tout ça ?
- Le policier a passé quelques coups de fil. Il a vérifié mon identité auprès de l'ambassade de France à Ankara et il a fini par comprendre qu'il s'agissait d'une erreur. Il s'est excusé et il m'a enfin laissé partir. Il était dix heures du soir et j'étais complètement à bout de nerfs. Julien aussi d'ailleurs, après avoir passé trois heures à ne pas savoir ce qui se passait.
- Mon pauvre Florent ! Ça n'arrive bien qu'à toi, ce genre d'histoire !

À son arrivée, Florent a eu des problèmes à cause de ☒ sa photo de passeport.

▶ 64 **2e Lösung**

	vrai	faux
1. Florent a pu passer le sas à reconnaissance faciale sans problème.	☐	☒
La porte du sas à reconnaissance faciale ne s'est pas ouverte.		
2. Les deux policiers étaient sympas et parlaient anglais.	☐	☒
Les deux policiers avaient l'air sérieux et menaçant et ne parlaient pas anglais.		
3. Un policier a interrogé Florent pendant trois-quarts d'heure.	☒	☐
4. Sur sa photo de passeport, Florent avait les cheveux longs et une barbe.	☐	☒
Sur sa photo de passeport, Florent avait les cheveux longs mais ne portait pas de barbe.		
5. Le système de reconnaissance faciale de l'aéroport a confondu Florent avec un criminel.	☒	☐
6. Le policier n'a pas présenté ses excuses à Florent.	☐	☒
Le policier s'est excusé auprès de Florent.		

▶ 63
64

2f Lösung

1. Raconte ! / Et puis ? / Et qu'est-ce qui s'est passé ensuite ? / Et comment ça s'est terminé tout ça ?
2. Tu veux dire que… / Ne me dis pas que…
3. Tu sais que… / Il faut dire que… / Donc…
4. Non, c'est pas vrai ! / Tu plaisantes ! / C'est pas possible ! / Quelle histoire !
5. Oh, mes pauvres ! / J'imagine, oui ! / Mon pauvre Florent !

▶ 65

2g Text / Lösung

▲ Alors Marie-Claire, comment s'est passé votre voyage au Portugal ?

◆ Oh, ne m'en parle pas...On n'a vraiment pas eu de chance.

▲ Raconte !

◆ Ben, déjà, le voyage a mal commencé parce que notre avion avait trois heures de retard.

▲ Non, c'est pas vrai !

◆ Si, si, mais bon... les trois heures ont vite passé. On est allés manger et on a fait un peu de shopping en attendant, mais à l'atterrissage, d'autres problèmes nous attendaient...

▲ Ne me dis pas que vous aviez perdu vos valises !

◆ Non, mais on a eu des problèmes avec la réservation de la voiture de location et on a dû attendre deux heures avant de pouvoir quitter l'aéroport.

▲ Tu plaisantes ! Alors, qu'est-ce que vous avez fait ?

◆ Ben, quand on a enfin réussi à obtenir notre voiture, il était déjà minuit, alors pas question de faire encore trois heures de route jusqu'à Portimão. On était crevés et de très mauvaise humeur. On a essayé de trouver un hôtel près de l'aéroport, mais il n'y avait rien. C'était la haute saison, donc tout était complet. Imagine ! On a dû dormir dans la voiture sur le parking d'un hôtel.

▲ Oh, ma pauvre !

◆ Oui, tu peux le dire. Au moins, le lendemain tout est rentré dans l'ordre et les vraies vacances ont commencé.

H3 Je voudrais être remboursé !

▶ 66 **3a Carla und André haben bei der Ankunft in ihrer Ferienwohnung ein Problem. Welches Foto passt zum Dialog?**

A  ☐

B  ☐

C  ☐

▶ 66 **3b Hören Sie noch einmal und entscheiden Sie, welche Hinweise Carla und André in der Wohnung für das Problem aus 3a finden.**

☐ un fil électrique endommagé ☐ du sucre par terre ☐ une mauvaise odeur
☐ de drôles de bruits ☐ des insectes ☐ des taches de moisissure sur les murs

▶ 67 **3c André ruft am nächsten Tag den Besitzer der Wohnung an und beschwert sich. Hören Sie zu und entscheiden Sie, wie das Telefonat endet.**

Le propriétaire de l'appartement et André ☐ trouvent une solution ☐ ne trouvent pas de solution au problème.

▶ 67 **3d Hören Sie das Telefonat noch einmal. Welche Aussagen dazu sind richtig, welche falsch?**

	vrai	faux
1. Carla a peur des souris et a dormi sur le canapé.	☐	☐
2. André propose de faire venir un exterminateur.	☐	☐
3. Le propriétaire propose qu'André et Carla aillent manger dans un café.	☐	☐
4. André peut annuler sa réservation et être remboursé.	☐	☐
5. Le propriétaire lui propose un logement de catégorie supérieure pour le même prix.	☐	☐

▶ 67 **3e Hören Sie das Telefonat erneut und entscheiden Sie, welche(n) der folgenden Ausdrücke man gebraucht, um ...**

Je suis désolé/e. • J'aimerais annuler ma réservation. • Mais c'est vraiment incroyable ! • Je voudrais me faire rembourser. • Je vous appelle parce que… • Je regrette… • C'est le bouquet ! • Je suis navré/e.

1. den Grund seines Anrufs anzugeben: ______
2. Empörung auszudrücken: ______
3. eine Reservierung zu stornieren: ______
4. um eine Rückerstattung zu bitten: ______
5. sich zu entschuldigen: ______

▶ 68 **3f Sie sind gerade in Ihrem Ferienhaus in Frankreich angekommen und es gibt ein paar Probleme. Sie rufen den Besitzer der Wohnung an und beschweren sich. Übernehmen Sie die Rolle ■ und führen Sie das Telefonat mithilfe der Angaben.**

▲ Allo ?

Sie grüßen und stellen sich mit Vor- und Nachnamen vor. Sie sagen, dass Sie anrufen, weil Sie mit der Wohnung nicht zufrieden sind.

■ *Bonjour.* ______

▲ Oh. Je suis désolé. Quel est le problème ?

Sie glauben, dass nicht geputzt wurde (= faire le ménage). *Die Wohnung ist schmutzig, insbesondere* (= en particulier) *das Badezimmer. Auf der Bettwäsche* (= les draps) *sind merkwürdige Flecken* (= des taches). *Und in der Küche ist Schimmel* (= des moisissures) *an den Wänden. Sie sind wirklich sehr enttäuscht* (= déçu).

■ ______

▲ Je suis désolé. Je ne sais pas comment ça a pu se produire. Malheureusement, il est déjà 18h et la femme de ménage n'est plus disponible, mais je vous l'envoie demain matin sans faute.

Sie fragen den Besitzer, was man in der Zwischenzeit (= en attendant) *machen kann.*

■ ______

▲ Malheureusement, il n'y a rien à faire.

Sie finden das unglaublich. Schimmel kann Allergien auslösen (= provoquer). *Außerdem ist es nicht hygienisch, in schmutziger Bettwäsche zu schlafen.*

■ ______________________________

▲ Si vous voulez, je peux vous apporter des draps propres et faire votre lit.

Sie sind empört! Es ändert nichts an dem Problem mit (= au problème de) *dem Schimmel. Sie fragen, ob der Angestellte Ihnen eine andere Unterkunft geben könnte.*

■ ______________________________

▲ Ce n'est malheureusement pas possible. C'est la haute saison et les autres maisons de vacances de la même catégorie sont louées jusqu'à dimanche.

In diesem Fall möchten Sie die Buchung stornieren und eine Rückerstattung erhalten.

■ ______________________________

▲ Je regrette, mais une annulation n'est possible que jusqu'à deux jours avant l'arrivée. Je ne peux donc pas vous rembourser.

Sie sind empört und fragen den Besitzer, was er vorschlägt. Sie machen deutlich, dass Sie keinen Fuß mehr (= remettre les pieds) *in diese Wohnung setzen möchten.*

■ ______________________________

▲ Ah, attendez un instant… Je vois qu'il me reste encore un appartement libre de catégorie supérieure. Il s'agit d'un trois pièces avec jacuzzi et vue sur la montagne. Il coûte 175 € par jour, mais étant donné la situation, nous nous chargerons de la différence, bien sûr. Est-ce que ça vous conviendrait ?

Für Sie geht das in Ordnung, aber wirklich ohne Zusatzkosten. Sie wollen keinen Cent mehr (= de plus) *für diese Unterkunft bezahlen.*

■ ______________________________

H3 Je voudrais être remboursé !

▶ 66 3a Text / Lösung

- ■ Ouf ! Enfin arrivés ! Je suis complètement crevé !
- ● Oui… Après 12 heures de route !
- ■ Allez, on regarde si tout est en ordre et on va se coucher.
- ● Alors… Le salon est très mignon. La décoration pourrait être plus moderne, mais bon…
- ■ La salle de bain est OK. Tout a l'air propre. Voyons voir la cuisine…
- ● Oh la la ! Quel chaos ! Mais, c'est de la farine, là, par terre ?
- ■ Mmm. Je crois que c'est du sucre. Les locataires précédents ont probablement laissé le paquet sur la table et il doit être tombé par terre.
- ● C'est bizarre quand même. Pourquoi est-ce que le paquet serait tombé comme ça ? Et regarde dans le placard, il y a des pâtes partout et…
- ■ Et puis… Tu sens cette odeur bizarre ?
- ● Oui, qu'est-ce que c'est d'après toi ?
- ■ Chut. J'ai entendu un drôle de bruit. Écoute !
- ● Oui, oh mon Dieu, qu'est-ce que c'est ?
- ■ On dirait quelqu'un qui gratte sur quelque chose. Le bruit vient de ce côté-là. Ça doit être le garde-manger… Attends, je regarde. Ahhh ! Une souris !
- ● Deux, trois souris ! Oh non !

Zum Dialog passt Foto C.

▶ 66 3b Lösung

☒ du sucre par terre

☒ une mauvaise odeur

☒ de drôles de bruits

▶ 67 3c Text / Lösung

▲ Allo ?

■ Ah, enfin ! Bonjour Monsieur. André Leclair à l'appareil, le locataire du 3 c.

▲ Ah, bonjour Monsieur Leclair. Vous vous êtes bien installés ? Tout est à votre satisfaction ?

■ Non, justement, ça ne va pas du tout. Je vous appelle parce qu'il y a des souris dans votre appartement. Des souris, Monsieur.

▲ Vous plaisantez !

■ Est-ce que j'ai l'air de plaisanter ? Votre appartement est infesté de souris, Monsieur. Nous les avons découvertes en arrivant hier. Il était minuit. Nous étions fatigués. Au lieu de pouvoir défaire nos valises et aller nous coucher, nous avons trouvé la cuisine en désordre, du sucre et des pâtes partout et nous sommes tombés nez à nez avec trois souris. J'ai d'ailleurs tenté de vous joindre cette nuit, mais personne n'a répondu. Ma femme a peur des souris vous savez, alors nous avons dû dormir dans la voiture.

▲ Oh, je suis désolé, Monsieur. Je ne sais pas comment ça a pu se produire. J'appelle immédiatement l'exterminateur... Ah non, c'est samedi aujourd'hui, alors il ne pourra probablement pas venir avant lundi matin.

■ Écoutez, je ne sais pas comment vous allez vous débarrasser de ces bestioles, mais ce n'est pas mon problème. Pourriez-vous simplement nous donner un autre logement pour que nous puissions enfin nous installer ?

▲ Oui... Bien sûr, Monsieur. Un instant, je vérifie les disponibilités. Oh ! Je regrette de vous décevoir, mais nous sommes complets jusqu'à dimanche. C'est la haute saison et tous les appartements de cette catégorie sont pris.

■ Mais c'est vraiment incroyable ! Vous n'allez tout de même pas nous laisser dans cet appartement jusqu'à lundi. Des souris, ce n'est pas hygiénique. Ça transmet des maladies et puis, comme je vous l'ai dit, ma femme ne veut plus remettre les pieds dans l'appartement.

▲ Je comprends, Monsieur, mais je ne vois vraiment pas ce que je pourrais faire.

■ Bon, alors j'aimerais annuler ma réservation. Je voudrais me faire rembourser.

▲ Je suis navré, Monsieur, mais les remboursements ne sont possibles que si vous annulez deux jours avant votre arrivée.

■ Alors ça, c'est le bouquet ! Comme si nous annulions par plaisir ! Il y a des souris dans l'appartement. Vous auriez envie de passer vos vacances dans un logement plein de souris, vous ?

▲ Non… Alors écoutez. Je vous propose d'abord d'aller prendre le petit déjeuner pendant que j'essaie de trouver une solution. Il y a un café très sympa au coin de la rue et nous nous chargerons de l'addition, bien sûr. Mais, attendez un instant… Je crois que j'ai une idée… Je vois que nous avons un logement libre dans une catégorie supérieure. C'est un trois pièces avec piscine et vue sur la mer. Il coute normalement 150 € la nuit, mais vu la situation, on ne vous fera pas payer la différence.

■ J'espère bien ! Ce serait le comble après la nuit que nous venons de passer… Et vous êtes sûr qu'il n'y aura pas de frais supplémentaires ? Je ne veux pas payer un centime de plus après les problèmes que nous avons eus !

Le propriétaire de l'appartement et André ☒ trouvent une solution au problème.

▶ 67 **3d Lösung**

	vrai	faux
1. Carla a peur des souris et a dormi sur le canapé. *Carla et André ont dormi dans la voiture.*	☐	☒
2. André propose de faire venir un exterminateur. *C'est le propriétaire qui propose de faire venir un exterminateur.*	☐	☒
3. Le propriétaire propose qu'André et Carla aillent manger dans un café.	☒	☐
4. André peut annuler sa réservation et être remboursé. *On peut annuler sa réservation seulement deux jours avant l'arrivée. André ne peut donc pas annuler et être remboursé.*	☐	☒
5. Le propriétaire lui propose un logement de catégorie supérieure pour le même prix.	☒	☐

▶ 67 **3e Lösung**

1. *Je vous appelle parce que…*
2. *Mais c'est vraiment incroyable ! / C'est le bouquet !*
3. *J'aimerais annuler ma réservation.*
4. *Je voudrais me faire rembourser.*
5. *Je suis désolé/e. / Je regrette … / Je suis navré/e.*

▶ 68 3f Text / Lösung

▲ Allo ?

■ *Bonjour… (Ihr Name) à l'appareil. Je vous appelle parce que je ne suis pas satisfait de l'appartement.*

▲ Oh. Je suis désolé. Quel est le problème ?

■ *Je crois que le ménage n'a pas été fait. L'appartement est sale, en particulier la salle de bain. Il y a des taches bizarres sur les draps et dans la cuisine, il y a des moisissures sur les murs. Je suis vraiment très déçu.*

▲ Je suis désolé. Je ne sais pas comment ça a pu se produire. Malheureusement, il est déjà 18h et la femme de ménage n'est plus disponible, mais je vous l'envoie demain matin sans faute.

■ *Et qu'est-ce qu'on peut faire en attendant ?*

▲ Malheureusement, il n'y a rien à faire.

■ *Mais c'est vraiment incroyable ! Les moisissures peuvent provoquer des allergies. Et puis, ce n'est pas hygiénique de dormir dans des draps sales.*

▲ Si vous voulez, je peux vous apporter des draps propres et faire votre lit.

■ *Mais ce n'est pas vrai ! / Ça, c'est le bouquet ! / C'est incroyable ! Ça ne change rien au problème des moisissures ! Pourriez-vous me donner un autre logement, s'il vous plait ?*

▲ Ce n'est malheureusement pas possible. C'est la haute saison et les autres maisons de vacances de la même catégorie sont louées jusqu'à dimanche.

■ *Dans ce cas, j'aimerais annuler ma réservation et être remboursé/e.*

▲ Je regrette, mais une annulation n'est possible que jusqu'à deux jours avant l'arrivée. Je ne peux donc pas vous rembourser.

■ *Mais ce n'est pas vrai ! / Ça, c'est le bouquet ! / C'est incroyable ! Alors qu'est-ce que vous proposez ? Une chose est certaine : je ne veux pas remettre les pieds dans cet appartement.*

▲ Ah, attendez un instant... Bien, je vois qu'il me reste encore un appartement libre de catégorie supérieure. Il s'agit d'un trois pièces avec jacuzzi et vue sur la montagne. Il coute 175 € par jour, mais étant donné la situation, nous nous chargerons de la différence, bien sûr. Est-ce que ça vous conviendrait ?

■ *Oui. Ça me convient. Mais vraiment sans frais supplémentaires ! Je ne veux pas payer un centime de plus pour cet hébergement.*

Quellenverzeichnis

Cover, Rücktitel:
© Getty Images/E+/Eva-Katalin

Fotos Innenteil:
S. 7: oben © Getty Images/iStock/Motortion, A bis F © Getty Images/Digital Vision/Morsa Images, © Getty Images/iStock/Grandfailure, © Getty Images/iStock/DisobeyArt, © _iceman – stock.adobe.com, © Tran – stock.adobe.com, © Getty Images/iStock/donald_gruener
S. 8: Filmstreifen © Getty Images/iStock/Mingirov
S. 15: © Getty Images/iStock/stockfour
S. 21: © Getty Images/E+/Milan_Jovic
S. 25: A bis C © fizkes – stock.adobe.com, © Thinkstock/iStock/NADOFOTOS, © zadorozhna – stock.adobe.com
S. 27: © Getty Images/iStock/anyaberkut
S. 32: A bis C © PinkCoffee Studio – stock.adobe.com, © Flamingo Images – stock.adobe.com, © Prostock-studio – stock.adobe.com
S. 33: beide Fotos © Andriy Popov/123rf.com
S. 36: beide Fotos © Andriy Popov/123rf.com
S. 37: A bis C © Getty Images/E+/PeopleImages, © Thinkstock/iStock/encrier, © Getty Images/E+/SDI Productions, unten © iStock/simonkr
S. 39: © laboko – stock.adobe.com, © Getty Images/iStock/oatawa, © razoomanetu – stock.adobe.com
S. 44: © Gilles Oster – stock.adobe.com, © Getty Images/iStock/Deagreez, © Robert Kneschke – stock.adobe.com
S. 45: 0 bis 2 © Getty Images/E+/bokan76, © Getty Images/E+/Izabela Habur, © Getty Images/iStock/Juanmonino
S. 49: A bis C © Thinkstock/iStock/3DSculptor, © Thinkstock/iStock/denisgo, © Monopoly919 – stock.adobe.com, unten © Getty Images/iStock/Julia Garan
S. 50: © Getty Images/iStock/iLexx
S. 54: © cherryandbees – stock.adobe.com
S. 55: 0 bis 4 © Getty Images/iStock/LanaStock, © oatawa – stock.adobe.com, © Thinkstock/iStock/Dejan Ristovski, © Getty Images/iStock/insta_photos, © Getty Images/E+/MStudioImages
S. 59: A bis C © luckybusiness – stock.adobe.com, © Thinkstock/Wavebreakmedia Ltd, © oksix – stock.adobe.com
S. 60: von oben © Getty Images/iStock/Wavebreakmedia, © Shutterstock.com/Rido, © Fotolia/contrastwerkstatt, © Getty Images/E+/PixelsEffect, © Getty Images/E+/Juanmonino
S. 64: von links nach rechts und oben nach unten © Getty Images/iStock/valentinrussanov, © Getty Images/E+/monkeybusinessimages, © fotolia/pyrozenko13, © Getty Images/E+/sturti
S. 65: © Getty Images/E+/VioletaStoimenova
S. 69: oben © Thinkstock/iStock/ViktorCap, unten © Getty Images/E+/Romolo Tavani
S. 70: Reihe oben von links © Getty Images/iStock/terra24, © HJBC – stock.adobe.com, © Syda Productions – stock adobe.com, © Getty Images/iStock/dmitriymoroz, © Getty Images/iStock/Richard Villalonundefined undefined
S. 71: © barabarpetko – stock.adobe.com
S. 76: © Getty Images/iStock/anyaivanova
S. 82: oben © Getty Images/iStock/8020, unten © Brian Jackson – stock.adobe.com
S. 83: oben © Bloody Orange – stock.adobe.com, unten © piyaset – stock.adobe.com
S. 87: A bis F © andrys lukowski – stock.adobe.com, © Blickfang – stock.adobe.com, © Getty Images/iStock/HJBC, © Seventyfour – stock.adobe.com, © Getty Images/iStock/Pixfly, © Ioan Panaite – stock adobe.com
S. 88: 1 bis 4 © Getty Images/iStock/Boris_Kuznets, © Getty Images/iStock/KangeStudio, © Krakenimages.com – stock.adobe.com, © Getty Images/iStock/Neydtstock
S. 92: A bis C © Getty Images/iStock/g-stockstudio, © pressmaster – stock.adobe.com, © Getty Images/iStock/AntonioGuillem
S. 98: © Getty Images/iStock/Di_Studio
S. 100: 0 bis 5 © aussieanouk – stock.adobe.com, © fotolia/contrastwerkstatt, © Getty Images/iStock/Wavebreakmedia, © iStockphoto/Sportstock, © Getty Images/E+/ModernNomads, © Getty Images/iStock/michaeljung
S. 104: Obst © Thinkstock/iStock/destillat, Obst und Gemüse © marucyan – stock.adobe.com, Nüsse © Getty Images/iStock/fcafotodigital, Fisch © fotolia/photocrew, Milchprodukte © Getty Images/E+/fcafotodigital, Hülsenfrüchte © Thinkstock/iStock/khudoliy, Tofu © Getty Images/iStock/subjug
S. 112: 1 bis 4 © Getty Images/iStock/gorodenkoff, © Thinkstock/iStock/Tuned_In, © Getty Images/iStock/Deagreez, © Getty Images/OJO Images/Sam Edwards, Ü 2d von links © Getty Images/iStock/jacoblund, © Maridav – stock.adobe.com, © Getty Images/iStock/Nithid, © Getty Images/iStock/Pheelings Media
S. 113: 0 bis 3 © Halfpoint – stock.adobe.com, © iStock/Kemter, © Getty Images/E+/Jasmina007, © Getty Images/iStock/Zinkevych
S. 118: alle Bilder © Aleksej – stock.adobe.com
S. 123: von links © Getty Images/iStock/DaLiu, © Getty Images/iStock/guy-ozenne, © Getty Images/iStock/guy-ozenne, © Getty Images/iStock/RolfSt
S. 124: © Getty Images/iStock/marako85
S. 125: von oben © Getty Images/iStock/Leonid Andronov, © Thierry Lubar – stock.adobe.com, © santosha57 – stock.adobe.com, © Getty Images/iStock/photonaj, © Getty Images/iStock/carmengabriela
S. 131: © Getty Images/iStock/Chalabala
S. 137: A bis C © Getty Images/iStock/Jose Angel Astor Rocha, © Getty Images/iStock/makasana, © kseniiavladimir – stock.adobe.com

Bildredaktion:
Cornelia Hellenschmidt, Hueber Verlag, München

Inhalt des MP3-Downloads zum Buch:

Sprecherinnen und Sprecher: Ingrid Barzic, Jean-Yves de Groote, Olivier Thomazo, Léa Wegmann

Produktion: Atrium Studio Medienproduktion GmbH, München, Deutschland